本书为2012年度教育部人文社会科学研究青年基金项目成果（12YJC790239）

本书受湖北师范学院出版基金、湖北省人文社科研究基地"资源枯竭城市转型与发展研究中心"资助

易艳春 著

FDI、经济增长与我国碳排放关系的实证研究

Empirical Study on FDI, Economic Growth and CO_2 Emission in China

社会科学文献出版社
SOCIAL SCIENCES ACADEMIC PRESS (CHINA)

摘　要

改革开放30多年，中国经济以年均超过10%的增长速度快速发展，已成长为世界第二大经济体，缔造了"中国奇迹"和"中国模式"。在此期间，中国的高速增长以外向型发展为主要动力，外商直接投资（FDI）和外贸的扩张是经济增长的强劲引擎。30年的开放进程，中国已成为全球主要的FDI流入国。2000年后，中国逐渐成为吸引FDI最多的发展中国家和世界上最具吸引力的FDI东道国。与此同时，发展带来的资源环境问题不容忽视，碳排放量的持续增加使我国遭受来自国际社会的巨大压力。1978~2011年，中国的碳排放增加了5倍多。尽管自1996年起国家大力调整能源政策和加强环境管制，中国在2006年还是取代美国成为全球最大的碳排放国。由于能源和发展问题，中国经济快速增长是一个可持续增长的命题，也是一个低碳发展的命题。前30年的经济增长，收入大幅度提高，能源稀缺性凸显，环境污染严重。最近，中国的能源电力需求在短短的几年内增长了一倍多，虽然部分排放物受到控制，但包括二氧化碳的整体排放量大幅度上涨。

关于气候变暖，科学家已达成共识。二氧化碳排放问题也引起各国政府和民间的共同关注。碳排放对气候变化的影响确定，低碳发展将成为未来经济增长的必然模式，是人类实现可持续发展的必然选择。中国正处在工业化、城镇化的发展阶段，能源需求和消费呈现刚性。作为全球最大的二氧化碳排放国，我国面临减少碳排放的国际压力和经济"又好又快"增长的重任。本书旨在研究FDI、经济增长对中国环境的影响，研究FDI、经济增长与碳排放之间的长短期动态关系，从而提出相应的政策建议，以兑现我国在哥本哈根国际气候会议上许下的单位GDP减排40%~45%的承诺。

Abstract

The growth of foreign direct investment has been significant for the past 30 years. China has drawn on the inflow of FDI worldwide due to its sheer size and rapid economic growth. It has become one of the major host countries with the inflow of FDI. The inflow of FDI increases constantly. Apparently, while promoting host countries' economic growth, FDI may bring negative impact on host countries. Especially when those countries attract FDI by low environmental standard, FDI inflows may cause a series of environmental problems. Therefore, as a developing country, does the inflow of FDI have any negative effect on China? Particularly, how does the FDI inflow influence China's carbon dioxide emissions?

China has become the second largest carbon dioxide emission country in the world, accounting for 20% of the total emissions. In Copenhagen Climate Conference in December 2009, China promised to deduct 40% – 45% carbon dioxide emissions per GDP by the year 2020. Therefore, how to harmonize the relationship between FDI, economic growth and carbon dioxide emissions, and to adapt FDI and economic growth to sustainable development are the core issues of this book.

The relationship between FDI, economic growth and carbon dioxide emissions is complicated. After 30 years' reform and opening up, FDI inflow is accelerating China's economic growth. But how does FDI inflow influence China's carbon dioxide emissions? And how does economic growth influence China's carbon dioxide emissions? Currently, the growth pattern is shifting from depending on external demand to domestic demand. We are experiencing rapid urbanization. Moreover, how does urbanization influences China's carbon dioxide emissions? This article explores the relationship between FDI, economic growth and carbon dioxide emissions by empirical evidence.

前　言

过去30年，FDI的增长速度让整个世界刮目相看。中国由于其巨大的经济规模和令世界瞩目的经济增长，吸引了全球FDI的流入，成为全球主要的外商直接投资流入国。中国吸引外资持续增长。显然，FDI在促进东道国经济发展的同时，也可能给东道国带来一定的负面影响，尤其是对那些迫切要求发展经济而利用低标准的环境管制吸引外资的国家，外资的进入将会导致一系列的环境问题。那么，中国作为一个发展中国家，大量的FDI的进入是否会对中国的环境产生负面影响？具体地，FDI的进入对中国的碳排放会带来怎样的影响？

关于气候变暖，科学家已达成共识。碳排放问题也引起各国政府和民间的共同关注。既然碳排放对气候变化的影响确定，低碳发展将成为未来经济增长的必然模式，是人类实现可持续发展的必然选择。中国正处在城市化、工业化的发展阶段，能源需求和消费呈现刚性。作为全球最大的二氧化碳排放国，我国面临减少碳排放的国际压力和经济"又好又快"增长的重任。在2009年12月的哥本哈根气候会议上，我国政府许下了到2020年单位GDP减排40%～45%的承诺。因此，如何更为全面有效地协调FDI、经济增长与碳排放的关系，使中国吸引外资、经济增长与环境保护均能满足可持续发展的必然要求，是本书的研究意义之所在。

FDI、经济增长与碳排放的关系是一个复杂的系统关系。改革开放30年，引进外资直接促进了我国的经济增长，那么FDI在大量涌入的同时对我国碳排放的影响是怎样的呢？持续、高速的经济增长对我国碳排放的影响又是怎样的呢？针对目前我国所处的发展阶段，我国的增长模式将从全球化外需增长转向城市化内需增长，不可避免的快速的城市化进程对我国碳排放的影响又是怎样的呢？围绕这些问题，本书主要从实证方面系统研究了FDI、经济增长与我国碳排放之间的关系。

本书首先从理论层面分析了FDI与碳排放、经济增长与碳排放的关系，得出了以下理论假定：①FDI的规模效应与碳排放同方向变化，FDI的结构效应与碳排放同方向变化，FDI的技术效应与碳排放反方向变化；②FDI、经济增长与我国碳排放呈正相关的关系。这些理论假定是否成立，依赖于下文的实证检验。

本书分析了FDI、经济增长与碳排放的关系。FDI的流入能够减轻我国二氧化碳排放的压力，这个结果推翻了"FDI的规模效应与碳排放同方向变化"的理论假定，这是由FDI的技术溢出带来的。FDI在引进资金的同时也引进了先进技术。经济增长对碳排放的影响是不显著的，分析显示经济增长并不能自动解决环境问题。这一结果推翻了"经济增长与我国碳排放呈正相关的关系"的理论假定。

本书分析了FDI影响我国碳排放的结构效应和技术效应。通过格兰杰因果检验得到，FDI并不是能源结构碳强度和能耗强度减少的格兰杰因果原因。但是，Johansen协整检验发现，FDI与能源结构碳排放强度和能源消费强度存在长期的负向协整关系。并且，脉冲响应分析显示，FDI对能源结构碳强度和能耗强度具有负向冲击。因此，FDI进入有利于我国能源结构碳强度和能源消费强度的降低，FDI通过结构效应和技术效应有助于减缓我国的碳排放。这一结果推翻了"FDI的结构效应与碳排放同方向变化"的假定，验证了"FDI影响碳排放的技术效应为负"的假定。

本书检验了我国的EKC模型，N形的函数形式是最合适的，显示我国碳排放与GDP之间是N形关系。说明我国经济增长并不会自动导致碳排放量的减少，经济增长也并不一定引发碳排放量的增加，关键是我国的环境治理机制的完善。在26个工业行业，本书采用面板协整和基于面板误差的修正模型，分析了工业碳排放与工业总产值之间的面板因果关系。在长期与短期内，工业碳排放与工业总产值之间存在着相互因果关系。

针对目前我国经济增长方式正从全球化外需增长转向城市化内需增长，我国的城市化进程不断加速的特点，为了反映城市化对碳排放的影响，利用

STIRPAT 模型研究了 1978~2011 年，不同发展阶段的东、中、西部区域，城市化对碳排放的影响与效应。实证研究发现，对处于不同发展阶段的这三个样本，城市化水平对各省碳排放均为正相关的关系，这说明在我国经济快速增长的阶段，城市化的推进带来了碳排放量的增加。但这种正相关的关系并不显著，这是因为城市化的进程会引起环境问题，但进一步的城市化则慢慢消除了环境问题。实证分析还发现，无论是在东部、中部还是西部地区，人均收入与碳排放、碳强度与碳排放的关系显著为正。因此，减排的重点在于降低碳强度，通过技术进步和能源结构的变迁减少碳排放。

目 录

第一章 导 论 ··· 1
 第一节 研究背景和意义 ··· 1
 第二节 文献综述 ··· 3
 第三节 研究思路 ·· 16
 第四节 研究方法与创新点 ··· 17

第二章 FDI与碳排放关系的理论分析 ··························· 18
 第一节 温室气体的提出 ··· 18
 第二节 全球气候变化的现状 ······································· 20
 第三节 政府间的谈判及成果 ······································· 22
 第四节 低碳经济的内涵 ··· 24
 第五节 低碳经济的理论基础 ······································· 26
 第六节 FDI与碳排放关系的因素分解分析 ······················· 32

第三章 碳减排约束下的经济增长分析 ·························· 44
 第一节 经济增长与碳排放的相互关系 ···························· 44
 第二节 碳排放约束条件下的内生增长模型 ······················· 47
 第三节 减少碳排放约束条件下的经济增长分析 ·················· 50
 第四节 碳排放约束下中国经济增长的战略选择 ·················· 53

第四章 FDI、经济增长与我国碳排放的演变趋势 ············· 57
 第一节 不同时期的FDI、经济增长和我国碳排放的演变趋势 ······ 58

第二节　FDI区域分布结构和碳排放的演变趋势 …………… 63
第三节　区域经济增长概况 ………………………………… 70
第四节　结论 ………………………………………………… 72

第五章　FDI、经济增长与我国碳排放的实证研究 …………… 75
第一节　FDI与中国碳排放 ………………………………… 75
第二节　FDI、经济增长与我国碳排放：东、中、西部的研究 …… 79
第三节　FDI的技术溢出效应研究 ………………………… 83
第四节　结论 ………………………………………………… 89

第六章　FDI影响我国碳排放的结构效应和技术效应的分析 …… 91
第一节　FDI结构效应与技术效应的因素分析 …………… 91
第二节　FDI影响碳排放的结构效应 ……………………… 92
第三节　FDI影响碳排放的结构效应与技术效应的实证分析 …… 96
第四节　结论 ……………………………………………… 102

第七章　经济增长与我国碳排放：基于环境库兹涅茨曲线的分析 …… 104
第一节　引言 ……………………………………………… 104
第二节　实证模型 ………………………………………… 105
第三节　检验中国经济增长与碳排放关系的EKC模型 …… 106
第四节　结论与政策建议 ………………………………… 110

第八章　FDI、经济增长与碳排放：分行业的研究 …………… 112
第一节　FDI、经济增长与碳排放：分行业的统计分析 …… 112
第二节　FDI、经济增长与碳排放：分行业的实证研究 …… 118
第三节　经济增长与碳排放：分行业的计量分析 ………… 121
第四节　结论 ……………………………………………… 129

第九章　城市化与中国碳排放的实证研究 …………………… 131
第一节　引言 ……………………………………………… 131

第二节　实证研究……………………………………………… 133
　　第三节　结论与建议……………………………………………… 144

第十章　结论与研究展望…………………………………………… 146
　　第一节　主要的结论……………………………………………… 146
　　第二节　研究展望………………………………………………… 148

第十一章　政策建议………………………………………………… 150
　　第一节　低碳能源政策…………………………………………… 151
　　第二节　低碳技术政策…………………………………………… 155
　　第三节　低碳产业政策…………………………………………… 159
　　第四节　低碳消费政策…………………………………………… 162
　　第五节　低碳城市政策…………………………………………… 168

参考文献……………………………………………………………… 175

Contents

Chapter 1 Prolegomena / 1
    1.1 Research Background / 1
    1.2 Literature Review / 3
    1.3 Research Idea / 16
    1.4 Methodology and Innovation / 17

Chapter 2 Theoretical Analysis on FDI and Carbon Emissions Relationship / 18
    2.1 Greenhouse Gases / 18
    2.2 Current Global Climate Changing Situation / 20
    2.3 Intergovernmental Negotiation / 22
    2.4 Connotation of Low Carbon Economy / 24
    2.5 Theoretical Foundation of Carbon Economy / 26
    2.6 Factor Decomposition Analysis of FDI and Carbon Emissions Relationship / 32

Chapter 3 Economic Growth Analysis of Carbon Deduction Constraints / 44
    3.1 Interrelation between Economic Growth and Carbon Emissions / 44

3.2 Endogenous Growth Model of Carbon Emissions Constraints / 47

3.3 Economic Growth Analysis of Carbon Deduction Constraints / 50

3.4 Strategic Choices of China Economic Growth of Carbon Deduction Constraints / 53

Chapter 4 FDI, Economic Growth and CO_2 Emissions Evolution in China / 57

4.1 FDI, Economic Growth and CO_2 Emissions Evolution of Different Period / 58

4.2 Areal Distribution of FDI and Carbon Emissions Evolution Trend / 63

4.3 General Situation of Regional Economic Growth / 70

4.4 Conclusion / 72

Chapter 5 Empirical Study on FDI, Economic Growth and CO_2 Emissions / 75

5.1 FDI and China CO_2 Emissions / 75

5.2 Empirical Study on FDI, Economic Growth and CO_2 Emissions: Research on East, Middle and West of China / 79

5.3 Technology Spillover Effect of FDI / 83

5.4 Conclusion / 89

Chapter 6 **Analysis of Structure and Technology Effect Influenced by FDI on Carbon Emissions** / 91

    6. 1 Factor Analysis of Structure and Technology Effect / 91

    6. 2 Structure Effect of FDI on Carbon Emissions / 92

    6. 3 Empirical Analysis of Structure and Technology Effect Influenced by FDI on Carbon Emissions / 96

    6. 4 Conclusion / 102

Chapter 7 **Economic Growth and Carbon Emissions: Analysis Bases on EKC** / 104

    7. 1 Introduction / 104

    7. 2 Empirical Model / 105

    7. 3 EKC Model to Verify Relationship between China Economic Growth and Carbon Emissions / 106

    7. 4 Conclusion and Policy Suggestion / 110

Chapter 8 **FDI, Economic Growth and CO_2 Emissions: Research on Different Industries** / 112

    8. 1 Different Industries Statistical Analysis of FDI, Economic Growth and Carbon Emissions / 112

    8. 2 Different Industries Empirical Research on FDI, Economic Growth and Carbon Emissions / 118

    8. 3 Different Industries Quantitative Analysis of Economic Growth and Carbon Emissions / 121

    8. 4 Conclusion / 129

Chapter 9　Urbanization and Carbon Emissions: Evidence from China / 131

　　9.1　Introduction / 131

　　9.2　Empirical Research / 133

　　9.3　Conclusion and Policy Suggestion / 144

Chapter 10　Conclusion and Research Prospects / 146

　　10.1　Main Conclusion / 146

　　10.2　Research Prospects / 148

Chapter 11　Policy Suggestions / 150

　　11.1　Low-Carbon Energy Polices / 151

　　11.2　Low-Carbon Technology Polices / 155

　　11.3　Low-Carbon Industry Polices / 159

　　11.4　Low-Carbon Consumption Polices / 162

　　11.5　Low-Carbon City Polices / 168

References / 175

第一章　导论

第一节　研究背景和意义

2009年12月的哥本哈根国际气候会议吸引了全世界的关注。气候变化和碳排放成为每个人必然面对的问题。

地球的表面温度是能源流动的结果。太阳和地心的热量被持续不断地辐射到太空中，人类必须适应地球表面温度的冷热变化。大气在调节冷热之间扮演阀门的角色，通过红外线辐射散失热量，而阀门的尺寸主要取决于CO_2。CO_2捕捉热量，CO_2就像盖在地球身上的一条气体毯子。尽管热量透过这条气体毯子仍然向外散热，但CO_2减慢了散热的进程，提高了地球的表面温度。如果没有CO_2，地球的表面温度将是-18℃，没有流动的水，也就没有生命。

这是一个脆弱的平衡，化石资料和南极洲的冰芯发现最近10万年CO_2的增长与冰河世纪是完全相反的。这些相同的冰芯显示，在1800～1990年，CO_2已经增长了27%。[1] 自1800年以来CO_2的增长当然归因于人类活动——19世纪以来大规模的森林砍伐和20世纪化石燃料的燃烧。今天，所有的汽车、飞机、轮船燃烧化石燃料排放CO_2，还有火力发电。几乎所有的现代生产设备都增加了碳排放。

关于气候变化，各国政府已达成共识：全球正在变暖。北半球的气温自

---

[1]　资料来源：CDIAC 1991，1993，1999，2001。

1900年后迅速升高,远高于以前5个世纪的平均水平。冰川上的冰层以前所未有的速度在消融,植物和蝴蝶正在往山脉的高处和更北的地方迁移。①

气候变暖意味着朝着两极气候的一般运动,这对于主要粮食作物(小麦、玉米和水稻)是适当的。对多数非人类种植的植物,极地气候的变化超出了它们的迁移能力,导致这些植物的灭绝,以及依附于它们的物种的灭绝。卫星数据证实冰川消融抬高了海平面,海平面抬高一两英尺将永久淹没尼罗河附近的耕地,并估计使全球农业生产的产量减少20%。② 而且,海平面上升给重要的港口和海滨城市带来威胁,也威胁到整个太平洋岛国。气候模型预测,气候变暖带来更高的风能、更频繁的风暴,这意味着死亡和基础设施的破坏相应增加。

过去30年,FDI的增长速度让整个世界刮目相看。在20世纪90年代,FDI的增长是同期国际贸易增长的3倍。自2004年起,全球外国直接投资流入量经过4年的连续增长,2007年再增30%,达到18330亿美元,远远高于2000年创下的历史最高水平。因此,不论是发达国家还是发展中国家政府都热衷于制定优惠政策,以吸引跨国公司到本国投资。中国由于其巨大的经济规模和令世界瞩目的经济增长,吸引了全球FDI的流入,成为全球主要的外商直接投资流入国。中国吸引外资持续增长。2008年,在金融危机的背景下,全球外国直接投资流入量从2007年的历史最高水平下降到2008年的16970亿美元,下降了7.4%。而中国的FDI流入量则持续增长,2008年中国FDI流入量为1083亿美元,同比增长29.7%。那么FDI的进入在促进我国经济发展的同时是否会对我国的环境产生负面影响?具体地,FDI的进入对我国的碳排放带来怎样的影响?

改革开放30年,是中国缔造"经济奇迹"的30年。2010年中国GDP总量超过日本,成为世界第二大经济体。那么,30年的经济增长如何影响我国的碳排放呢?

我国已成为世界第一大二氧化碳排放国,大约占世界总排放量的30%。

---

① 资料来源:Peters, Robert L. and Thomas E. Lovejoy (1992), *Global Warming and Biological Diversity*, New Haven, CT: Yale University Press。

② 资料来源:Peters, Robert L. and Thomas E. Lovejoy (1992), *Global Warming and Biological Diversity*, New Haven, CT: Yale University Press。

在2009年12月的哥本哈根气候会议上，我国政府许下了到2020年单位GDP减排40%~45%的承诺。因此，如何更为全面有效地协调FDI与碳排放、经济增长与碳排放，使中国吸引外资与环境保护均能满足可持续发展的必然要求，是本书的研究意义之所在。

第二节 文献综述

一 FDI与环境关系的文献综述

关于FDI与环境关系的争议主要围绕"污染避难所"假说展开。Baumol和Oates（1998）的理论分析认为，如果发展中国家自愿地实施较低环境标准，那么就会变成世界污染的集中地。该理论将环境作为一种生产要素引入H-O模型，环境管制松的国家，环境要素是充裕的；相反，环境管制严格的国家，环境要素则是稀缺的。这样，环境管制松的国家将充分利用本国充裕的环境要素；一般而言，由于发展中国家的环境标准低于发达国家，污染密集型产业必然会向发展中国家转移，发展中国家将成为世界"污染避难所"。这就是"污染避难所"的理论根源。在实证方面，Colin Kirkpatrick和Kenichi Shimamoto（2008）用日本的数据检验了"污染天堂"假说。文章分析了流入日本5个污染密集型行业（钢铁、有色金属、化工、造纸、非金属产品）的FDI，结果并不支持"污染天堂"假说。相反，流入日本的FDI似乎是被日本透明和稳定的环境管制政策所吸引的。Jing Zhang和Xiaolan Fu（2008）运用中国30个省的5年的面板数据检验了中国是否存在"污染天堂"效应。他们的研究发现，外资倾向于在环境管制松的地区投资，从而验证了在中国存在"污染天堂"。Robert J. R. Elliott和Kenichi Shimamoto（2008）运用1986~1998年的数据验证了来自日本的FDI没有把菲律宾、印度尼西亚、马来西亚等东南亚国家变成"污染避难所"。他们的理论模型发现，当比较优势是由要素禀赋和环境管制决定时，日本的FDI主要受菲律宾、印度尼西亚、马来西亚等国家资本-劳动比的影响，这些国家的环境管制措施对吸引日本FDI的影响并不显著。Matthew A. Cole等（2006）构建了政治经济学模型分析FDI的"污染天堂"假说。在不完全竞争市场中，内资和外资企业联合起来向当地政府行贿以取得优惠的污染税。在模型中，FDI 影响环境政策的能力取决于当地政府腐败的程度。如果当地政府腐败程度高，FDI 导致宽松的环境管制政策，FDI 促成"污染天堂"的产生。相反，如果当地政府腐败程度低，FDI 导致严厉的环境管制政策，FDI 则减轻了"污染天堂"效应。Cole 和 Elliott（2005）强调了在识别"污染天堂"假说时，资本的重要性。他们检验了美国在墨西哥和巴西的投资，资本和环境管制是这两个国家吸引美国污染密集型行业 FDI 的重要原因。资本充裕和环境管制政策宽松使得巴西和墨西哥成为"污染天堂"的理想之地。因此，他们认为"污染天堂"并不普遍，同时具备资本密集和环境管制宽松的国家，最有可能成为"污染天堂"。Keller 和 Levinson（2001）运用 17 年的面板数据检验了流入美国的 FDI，结果发现减污成本对美国吸引 FDI 有温和的阻碍效应，特别是在污染密集型行业中对新的外资工厂污染物数量有负的影响。

一些学者的研究发现，FDI 对环境是有利的。Letehumanan R. 和 Kodamat F.（2000），Eskeland 和 Harrison（2002）的研究发现，FDI 不仅促进了东道国的技术进步，而且通过引进环境友好型技术和产品提高了东道国的环境福利。他们的研究发现，相比内资企业，高污染行业的外企更重视环境保护，FDI 会倾向于利用环境友好型的生产和治污技术。

在关于贸易与环境关系的文献中，通常将贸易对环境的影响分解为规模效应、结构效应和技术效应。这样的分解是由 Grossman 和 Krueger（1993）提出的，他们用于研究 SO_2 和悬浮颗粒物。这种方法被后来的研究者进一步充实和扩展，Antweiler 等（2001）提出了更为正式的理论。Copeland 和 Taylor（2003）将这种方法进一步扩展。Cole（2006）将这种分析框架应用于能源利用，因为能源使用是大多数空气污染物的主要来源。Bao 等（2008）测算了规模效应、结构效应和技术效应，发现 FDI 与环境污染是倒 U 形关系。

国内学者对于 FDI 和环境的关系也进行了研究。潘申彪、余妙志（2005）用江、浙、沪三省市的数据检验了 FDI 增长与环境污染之间的因果关系，结果表明：在上海、江苏两省市的单独检验和汇总的三省市数据中，FDI 增长与环境污染加剧之间的因果关系较为明显；但是就浙江省而言，

FDI 增长与环境污染加剧之间的因果关系并不明显。吴玉鸣（2007）的分析认为，FDI 恶化了我国的环境。温怀德、刘渝琳、温怀玉（2008）对我国的面板数据进行实证研究分析认为，FDI 和出口加剧了我国的环境污染而进口可以减轻环境污染。刘燕、潘杨、陈刚（2006）对我国 1990～2003 年 28 个省级的面板数据进行研究后发现，出口同中国环境污染之间存在显著的正相关关系，而 FDI 与环境污染之间则为显著的负相关关系。许士春、何正霞（2007）的数据研究表明，FDI 对环境有改善作用。邓柏盛、宋德勇（2008）发现，国际贸易恶化了我国环境质量，而 FDI 则改善了我国的环境。杨万平、袁晓玲（2008）建立 VAR 模型研究贸易、FDI 对我国环境的长期动态影响，结果显示，FDI 和进口改善了我国的环境质量，而出口是环境污染加剧的重要变量。陈凌佳（2008）利用中国 112 座城市的面板数据，研究了 FDI 的环境效应，结果发现，FDI 的增加对我国环境产生了负面的影响，并且这种负面影响由东向西逐渐增加。郭红燕、韩立岩（2008）联立方程模型对 FDI、环境管制和环境污染的关系进行计量检验，结果显示：FDI 通过规模效应、结构效应和技术效应对中国的环境产生影响，FDI 对中国环境的总效应是正面的，但影响程度较小。张成（2011）的面板模型也从以上三个效应的层面分析了外资的污染排放效应，他的研究证实了"污染避难所"的存在。

关于环境管制，熊鹰、徐翔（2007）的实证分析表明，我国相对宽松的环境政策并不是吸引 FDI 的主要原因，但宽松的环境管制对吸引 FDI 有正的作用。应瑞瑶、周力（2006）估计结果表明我国各地区治理污染的投资额与 FDI 显著负相关。刘志忠、陈果（2009）的实证分析发现环境管制对吸引 FDI 的效应为负，环境管制是我国 FDI 区位分布不均的原因，中西部地区的负效应大于东部地区。

由以上文献综述，国外学者关于 FDI 环境效应的研究主要集中在"污染避难所"假说是否存在上。一类观点支持"污染天堂"假说，认为 FDI 促进了经济增长，带来了环境副产品，导致环境退化和更多的污染，并且跨国公司会把污染密集型产业转移到环境管制水平低的发展中国家，使发展中国家成为"污染避难所"。另一类观点反对"污染天堂"假说，认为 FDI 促进了发展中国家实现清洁或低碳生产，减少了污染排放。我国学者的研究重点主要集中在 FDI 的环境正效应与环境负效应上。目前认为 FDI 的流入有利于我国环境质量改善的研究不多，多数的实证研究得出 FDI 的流入会加重我国环境污染的结论。

二　FDI 与经济增长的研究

关于 FDI 与经济增长的关系，国内外存在大量的研究成果。国外的研究相对成熟。国外对 FDI 与经济增长关系的研究，实证研究多于理论研究。研究的结果带来针锋相对的两类观点：一类观点认为 FDI 产生了正的溢出效应从而促进了经济增长；另一类观点则刚好相反。

Borensztein（1998）运用工业化国家在 20 年间流入 69 个发展中国家的 FDI 数据进行 SUR 模型估计，实证研究发现，FDI 是技术扩散的重要方式，它对经济增长的贡献大于国内投资。Aitken 和 Harrison（1999）运用面板数据对委内瑞拉进行实证分析，结果发现，外资的流入并没对委内瑞拉的内资企业产生技术溢出的效应。对此，可能的解释是流入委内瑞拉的外资规模太小、水平太低，或者说国内经济不是出口导向型的，从而无法从 FDI 中获益。

Salvador Barrios（2005）等人集中研究了 FDI 的两个可能效应：竞争效应——阻止了内资企业的进入；正的市场外部性——促进了本地工业的发展。Salvador Barrios 等人运用 1972~2000 年爱尔兰制造业的企业面板数据，用半参数回归技术进行估计，检验 FDI 对东道国内资企业进入的影响。实证研究发现，受 FDI 的影响，内资企业的数量呈 U 形变化。由于竞争效应，跨国公司进入的增加开始阻碍内资公司的进入，这种初始效应后来被正的外部性所超过，使得 FDI 对当地工业的影响为正。

而对企业层面的面板数据进行实证分析的结果，都显示外资企业带来了负的技术溢出。如 Kathuria（2000）对印度的研究，Kinoshita（2001）对捷克的研究，Konings（2001）对保加利亚的实证研究，均显示内资企业生产率与外资企业的负相关关系。而 Bosco（2001）对匈牙利的研究，Javorcik（2004）对立陶宛的研究，以及 Sinani 和 Meyer（2004）关于爱沙尼亚的研究则得出统计不显著的结论。

多数研究认为技术溢出主要发生在产业内。也有少数不同的声音。

Maurice Kugler（2006）建立的计量框架提出了独特的分析角度。Maurice Kugler运用1974~1998年哥伦比亚工厂面板数据，检验FDI是否对哥伦比亚制造业产生了外部性。结果发现，FDI产生的技术溢出主要发生在产业间，而不是产业内。对此的解释是，专有技术具有排他性，因此外资流入带来的产业内的正的外部性很有限，而且往往被竞争效应所抵消，因此很难发现产业内的技术溢出。而一般知识的技术扩散很快，对吸收能力的要求也低，加上FDI对相关产业产生的联系效应，因此发生了大量的产业间的技术溢出。

作为溢出效应的重要渠道——联系效应，理论界的研究才刚刚起步。Rodriguez-Clare（1996）第一次提出联系系数的概念，用它来衡量FDI为内资企业创造就业机会的密度。在Rodriguez-Clare的模型里，外资企业只生产消费品，内资企业只生产中间品。模型主要考察后向联系。外资企业为东道国便宜的劳动力和大量专业化的中间产品所吸引。这些中间产品假设是不能贸易的，而跨国公司通过FDI进入获得了它们。如果FDI的进入带来了东道国更多的就业，那么正的联系效应就产生了。

Markusen和Venables（1999）进一步扩展了对联系效应的分析，允许FDI进入中间品的生产，Markusen和Venables从联系效应和竞争效应这两个渠道分析了FDI对东道国工业发展的影响。FDI在产品市场与要素市场上与内资企业的竞争减少了内资企业的利润，一些内资企业破产。但FDI对上游产业产生的联系效应减少了成本，提高了内资企业的利润。最终，联系效应超过竞争效应，FDI推进了本地工业部门的建立，这些工业部门的发展使当地生产取代了外资工厂，迅速繁荣的当地工业最终将跨国公司赶出了市场。这与Hobday（1995）案例研究的发现是相符的。Hobday在对东亚经济体的研究中，发现跨国公司对当地公司产生后向联系的大量证据。例如在台湾，后向联系存在于台湾的计算机键盘、个人电脑、缝纫机、运动鞋、自行车等产业中。初始的FDI为台湾本地供应商提供了需求，更多台湾本地公司涌入为跨国公司提供元器件和生产线服务。元器件和其他中间品供给的增长为最终产品生产商带来了前向联系效应，吸引了更多的跨国公司和本地企业进入这些行业。这样，又带来第二轮的后向联系。在一些产业中（如自行车、计算机），当地公司最终取代了跨国公司。

Eva Kipperberg（2005）运用捷克共和国的投入产出表和18个部门的面板数据，估计FDI通过联系效应对捷克就业的影响。回归结果显示，捷克FDI对内资的联系效应依赖于部门的特征。总体上，FDI流入对捷克经济没有产生很强的联系效应。但FDI对劳动密集型的制造业发生了大的联系效应，而资本密集型的部门则更多受贸易的影响。

关于FDI对中国经济增长的影响，Kueh（1992）对中国沿海地区的FDI进行研究，结论是FDI不仅促进了资本的形成，也带来了产出的增长和出口的增长。Chen（1995）等人利用1978~1990年数据进行实证检验，判断FDI对中国的产出增长带来正的效应。Branstetter和Feenstra（2002）采用Grossman和Helpman的政治经济学模型，分析1984~1995年中国外资流入的分省数据，结论是外资流入给中国的国有企业带来了损失。

Jimmy Ran（2007）等人对中国30个省、19个行业的面板数据进行回归，结论是中国作为一个整体，并未从FDI流入中获得很大的净收益。显然，之前的研究认为FDI给中国带来巨大利益夸大了FDI的作用，因为计量分析的结果发现国际直接投资给一些产业和地区带来的净效应为负。从地区上讲，FDI流入对收入分配和经济不平衡有重要影响。发达地区从FDI中获益，而以落后地区的利益受损为代价。没有外资参与的产业与有外资参与的产业相比处于劣势。

Cheng（2001）等人利用1985~1995年中国29个地区的数据，分析了FDI给中国带来正负效应的决定因素，发现市场规模大，基础设施好，政策优惠对FDI产生了正的效应，而工资成本给FDI带来了负效应。教育的效应为正，但结果在统计上并不显著。研究还发现，FDI具有很强的自我巩固的效应。

三 经济增长与二氧化碳排放的实证研究

近年来关于经济增长与二氧化碳排放的实证研究越来越多。但经验研究的结果却不尽一致。在早期的研究中，Shafik（1994）研究验证了二氧化碳排放量和人均国内生产总值的线性关系，并在样本数据外发现了转折点，而Holtz-Eakin和Selden（1995）估计了倒U形的EKC，并估计出在样本点之外的人均MYM35428（1986年美元价）收入转折点。Tucker（1995）估计了 EKC 模型，他发现线性收入形式的系数总是正的和显著的，而二次方程式的系数在 21 年的 13 年中是显著的，而在这 13 个显著系数中有 11 个为负。这就是倒 U 形的 EKC。Iwata H.、Okada K. 和 Samreth S.（2010）证实了倒 U 形的 EKC 的存在。Sengupta（1996）得出了经济增长与碳排放之间 N 形的函数形式。Moomaw 和 Unruh（1997）的结构变迁模型发现了 N 形，他们的主要结论是，N 形是各国数据加总的结果。Akbostanci 等（2009）认为经济增长与环境污染之间的关系呈 N 形。De Bruyn 等（1998）的研究证实了 GDP 与碳排放之间呈线性关系。Schmalensee 等（1998）提出了分段线性函数的形式。经验研究发现，OECD 国家的 EKC 往往是倒 U 形的，而非 OECD 国家则不是。Galeotti 和 Lanza（1999）估计了两种可替代的函数形式，并将样本数据分成三类，即附件 1 国家、非附件 1 国家和整个世界。三类样本数据都支持倒 U 形的 EKC。Taskin 和 Zaim（2000）对低收入国家和高收入国家的横截面数据进行非参数内核回归，结果发现了 N 形的二氧化碳 EKC，即环境效率初期改善，而后在人均收入为 5000 美元到 12000 美元之间时恶化，之后又改善。Dijkgraaf 和 Vollebergh（2001）对国家同质性的假说提出了质疑。运用 24 个 OECD 国家的数据，他们否定了同质性的假说。他们对每个国家的时间序列模型进行了估计，发现 24 个国家中有 11 个国家出现了显著的转折点，从而验证了倒 U 形的 EKC。Heil 和 Selden（2001）的研究也确认了倒 U 形函数，认为碳排放量的增长与经济增长的脱钩似乎是可能的。Halkos 和 Tsionas（2001）使用 61 个国家的横截面数据发现了二氧化碳和 GDP 之间递减的关系。Azomahu 和 Van Phu（2001）使用非参数内核回归方法和标准的参数方法估计了 100 个国家的数据。发现在非参数模型中，二氧化碳和 GDP 之间的单调关系不能被拒绝，而参数方法则显示二者之间的倒 U 形关系。Hill 和 Magnani（2002）检验了 1970 年、1980 年、1990 年三个单独的年份 156 个国家的碳排放数据，结果是：①三个横截面估计都发现了倒 U 形的 EKC；②教育、开放程度、不公平等变量的结果都是显著的；③转折点的收入水平很高，接近收入分配的上端。Neumayer（2002）在模型中加入了气候条件、可再生资源与化石燃料的可获得性、交通条件等，使用 148 个国家的数据选用二次方的对数模型进行回归，结果发现了钟形 EKC 的存在，转折点在 GDP 价值范围之外。他发现，尽管收入是影响碳排放最主要的因素，自然要素在决定碳排放时也是重要的。Pauli（2003）指出，将国家没有依据地联合起来进行回归，会带来 EKC 的伪结论。他使用分层贝叶斯规范，水平参数为国别自回归，使用 OECD 国家的数据，发现同一模型不能适用于所有的 OECD 国家。单调关系适用于希腊、韩国、墨西哥、葡萄牙、土耳其；递减的关系适合卢森堡、捷克共和国；钟形的 EKC 适用于法国、德国、英国、美国、瑞典。Birgit Friedl 和 Michael Getzner（2003）检验环境库兹涅茨曲线是否适用于奥地利这样一个开放的小国。1960~1999 年的数据显示 GDP 与二氧化碳排放量呈 N 形关系。他们建议采取重大的政策改变，以实现未来的碳减排，履行《京都议定书》的承诺。Martinez-Zarzoso 和 Bengochea-Morancho（2004）对 22 个 OECD 国家进行了研究，他们强调了国家同质性的问题。他们使用了合并的平均组估计方法，在短期中允许边坡非均质性，在长期中则加以限制并检验它们的有效性。结果提出，收入与碳排放之间的 N 形关系适用于绝大多数国家，但国家之间仍然存在很大的异质性。而 He 和 Richard（2009）发现并不存在 CO_2 排放的库兹涅茨曲线。Zhang 等（2009）的研究发现，经济增长对中国的碳排放有最大的正向效应。

环境库兹涅茨曲线研究在我国起步相对较晚，我国的实证研究主要集中在 SO_2 等工业废气与经济发展的关系上。张晓（1999）对 1985~1995 年中国的大气质量数据做了分析，发现 SO_2、工业废气、烟尘的变化与人均 GDP 呈倒 U 形关系，转折点位于实际人均 GDP 1200~1500 元这一区间。陆虹（2000）发现经济增长与二氧化碳排放量是正相关的。凌亢、王浣尘（2001）等对南京的经济增长与 SO_2、工业废气的关系进行研究，结果发现南京市废气、二氧化硫的排放与经济发展呈正相关，不是倒 U 形，也不存在拐点。吴玉萍等（2001）检验了北京的经济增长与环境污染间的关系，发现了倒 U 形的 EKC。范金、胡汉辉（2002），刘耀彬、李仁东（2003），陈文华、刘康兵（2004）的研究都发现了经济增长与 SO_2、氮氧化物的倒 U 形关系。杜婷婷等（2007）的研究发现了中国经济增长与碳排放之间的 N 形关系，三次曲线方程较之标准型的环境库兹涅茨二次曲线方程更能反映中国经济增长与碳排放变化之间的关系。胡初枝等（2008）的因素分解模型发现我国经济增长与碳排放之间呈 N 形关系。任重、周云波（2009）的面板模型发现环渤海地区工业废气排放量与人均 GDP 之间呈整体向上倾斜的倒 N 形的曲线特征，随着经济规模的扩大和重化工业化进程的推进，环渤海地区的工业废气排放呈现恶化的趋势。

通过以上的文献综述：首先，二氧化碳 EKC 的形状可以归纳为三种形式：线性、倒 U 形和 N 形。认为二氧化碳 EKC 曲线是倒 U 形的研究仍然是大部分学者的观点，他们认为只要人均收入跨过了倒 U 形曲线的拐点，碳排放就会进入下降通道。他们认为发达国家已进入后工业化时代，处在拐点的右侧；而发展中国家尤其是新兴工业化国家正在进行快速的工业化和城市化进程，处在拐点的左侧。而近年来，越来越多学者的实证研究发现二氧化碳 EKC 的形状为 N 形。其次，无论是线性关系还是 N 形关系，都认为经济增长对环境的影响是不容乐观的。一旦倒 U 形的 EKC 不能被验证，也就意味着经济增长不能自动解决碳排放的问题。而 N 形的 EKC 曲线显然认为经济增长对环境的影响是令人忧虑的。

四 FDI 和碳排放的关系研究

FDI 和碳排放关系的研究主要集中在实证方面。Peter Grimes 和 Jeffrey Kentor（2003）使用 1980~1996 年的数据探讨 FDI 对碳排放的影响。通过对 66 个国家的面板数据的回归分析，发现 1980 年的 FDI 对 1980~1996 年的碳排放有正的影响。对此的解释为：第一，FDI 更集中于高能耗的产业；第二，跨国公司将高污染的产业分布于环境管制较少的国家；第三，过去 30 年间全球生产的分散化导致投入产出活动所消耗的能源在基础设施薄弱的国家更贵；第四，吸引 FDI 的东道国的发电效率比核心国家的发电效率要低。

Hoffman 等（2005）检验了碳排放与 FDI 之间的因果关系，发现在低收入国家，碳排放水平是 FDI 流入的格兰杰原因；在中等收入国家，FDI 是引起碳排放的原因；在高收入国家，没有因果关系。结果意味着，在低收入国家，"污染天堂"假说是成立的；在中等收入国家，FDI 增加了总的碳排放。结果表明，技术改善的碳减排效应被规模效应所抵消。另一方面，在低收入国家 FDI 不是碳排放的格兰杰原因能够验证晕轮假说。Chew Ging Lee（2009）检验 FDI、碳排放和经济增长之间的长短期关系。他运用格兰杰因果检验发现，FDI 和碳排放对产出有短期的因果关系。在短期中，FDI 对碳排放有显著的影响。污染密集型的 FDI 流入了马来西亚，主要是由于该国宽松的环境政策。

Andrew K. Jorgenson 等（2007）推荐了有关生态结构的理论，使用最新的有害气体、挥发性有机化合物、一氧化碳、二氧化碳的面板数据，分析 FDI 对这些气体排放的影响，分析使用了 39 个欠发达国家的数据，进行广义最小二乘法的随机面板回归。除了 CO_2 排放之外，FDI 对氮氧化物、CO、易挥发有机合成物的排放的效应显著为正。FDI 对 CO_2 排放的效应没有通过显著性检验，但 FDI 对 CO_2 排放的影响随着时间是逐渐增加的。考虑到 CO_2 是影响全球变暖和气候变化的主要温室气体，不断增加的效应应该引起警惕。他建议：在利益最大化的驱动下，FDI 具有天然的忽略环境外在性的动因。发展中国家要采取更严厉的经济惩罚措施来监管 FDI 规模、强度和生产过程的跨国控制。对污染环境的制造过程进行更严格的经济惩罚能够加强外企升级设备，减少有害气体的排放。因此，对制造业部门更严格的惩罚或税收能够促进跨国公司将环境成本内在化。考虑到温室气体和其他有害气体的排放，国际社会的更严格的管制是有效的。国际社会不断增加的对环境保护的意识将加快有效的国际监管的发展与实施。

Perkins 和 Neumayer（2009）发现流入发展中国家的 PDI 对国内的 CO_2 和 SO_2 排放效率没有影响。这个结果与跨国公司将先进的环保技术转移给低收入国家的假说相反。当然，Perkins 和 Neumayer 的分析基于包括所有部门的 FDI 的分析，太过于宽泛，可能无法真实反映 FDI 对污染密集型的部门的效应。遗憾的是，分部门的双边的 FDI 数据并不存在，因此无法进行检验。他们的研究解释了来自污染轻的国家的 FDI 相比来自污染重的国家的 FDI，更能改善东道国的环境质量。

关于 FDI 是如何影响碳排放的，理论研究也给出了解释，认为 FDI 通过技术扩散对东道国的碳排放产生了影响。

Peterson（2008）评述了现存的证据指出，尽管 FDI 存在技术转让的巨大潜力，但对这方面的研究是不足的。企业层面的数据验证了 FDI 相对于内资的竞争者更能实现能源节约。Eskeland 和 Harrison（2003）利用来自科特迪瓦、墨西哥、委内瑞拉的化学、石油冶炼、木材、非电力制造业等部门的工厂数据，研究的主要结果是外资的份额与能源节约是相关的。Blackman

和 Wu（1999）分析了 FDI 在中国电力部门的作用，主要是美国在中国电力行业的投资。其中的一个主要的结论是，FDI 可能对改善能源效率具有正的影响。样本中 20 个外资工厂的 1/3 使用了先进的提高能源效率的技术，1/5 是清洁的发热发电工厂。对单个国家的案例分析也显示，经由 FDI 的技术转移的确正在发展中国家发生。Watson 等（2000）的研究发现对中国的清洁煤技术的转移，包括跨国公司已经在通过各种形式的合作进行清洁煤技术和技能的转移。Fisher-Vanden 等（2004）对中国的研究发现，外资的股权份额对能源强度具有负的影响。这些研究都说明，通过技术转让，外企更有效率的技术能够促成能源节约的技术效应。Cole（2006）分析了贸易强度对 32 个发展中国家和发达国家能源使用的影响。他的面板回归的结果得出，全球化的效应是因国家而异的，正的或负的效应，是由这个国家进口或者出口能源密集型产品决定的。Mielnik 和 Goldemberg（2002）的研究发现，FDI 的流入对能源强度有负的影响。Mielnik 和 Goldemberg 分析了在 20 个发展中国家中，能源强度的下降与 FDI 流入的关系。他们发现，这两个变量之间有很强的相关性，并且能源强度变化的 87% 能够被 FDI/GDP 所解释。但是他们的研究很特别，不能解释变量的一般趋势，因此结果的意义并不大。Heller 和 Shukla（2003）认为，现在还不能识别 FDI 对技术转移的作用。他们对发生在 2003 年对中国和印度电力部门的绿地投资持批评的态度。

  Michael Hubler 和 Reas Keller（2009）应用 Antweiler 等（2001）的理论原则和能源利用的概念，建立了宏观经验模型验证发展中国家经由 FDI 的技术转让对能源强度产生了怎样的影响。他们使用 60 个发展中国家的跨国面板数据，时间跨度为 1975～2004 年。在回归结果中，FDI 并没有带来能源的节约，而来自外国的援助则对能源强度具有显著的负的效应。对美国这样一个单个国家的实证分析，利用分部门的数据也没有发现 FDI 带来能源节约的证据。他们的研究说明，如果没有气候或能源政策，发展中国家经由 FDI 的能源效率改善不会自动产生。

  在国内研究方面，宋德勇、易艳春（2011）的时间序列分析，发现 FDI 的流入减少了中国的碳排放。陈继勇等（2011）选用 30 个省的面板数据考察经济发展水平、FDI 对碳强度的影响，结果表明，经济发展水平、FDI 对以碳强度衡量的总体生态环境有正面的影响。代迪尔、李子豪（2011）通过构建多维度的 FDI 工业行业碳排放模型，对 FDI 对中国工业碳排放的影响效应进行了实证分析，并从 FDI 的规模效应、结构效应、技术效应和管制效应四个方面进行了综合考察。研究表明，FDI 增加了中国工业行业的碳排放，总效应是负的，但 FDI 的规模、结构、技术和管制效应存在差异。FDI 通过推动行业规模扩张和资本劳动比的上升显著增加了各行业的碳排放，其规模效应和结构效应为负，通过推动技术进步降低了行业碳排放，技术效应为正，但 FDI 的环境管制效应对各行业碳排放的约束作用不明显。谢文武等（2011）研究开放经济下 FDI 对我国碳排放的影响具有十分重要的影响。研究发现，FDI 的增长可以减少我国的碳排放，但开放经济对碳排放量的影响在不同的地区和行业呈现不同的特征，地区间碳排放差异显著，与当地的经济发达程度和主导产业相关，另外行业特性也决定了碳排放量的高低。因此，政府应不断提高环境保护标准，监督企业遵照执行，改善国内生态环境，还要加大经济结构调整力度，对高排放类行业实施严格的环境管理政策，促使企业改进生产技术，减少排放。

李子豪、代迪尔（2011）通过估算中国 30 个省区的二氧化碳排放数据，构造包含 FDI 碳排放的规模、结构、技术和管制效应的联立模型，对 FDI 与中国各地区碳排放的关系进行了多渠道的综合考察。姚奕、倪勤（2011）利用 1996～2008 年我国各省市面板数据研究 FDI、自主研发和碳强度之间的关系。在单位根检验的基础上，对三个变量进行了协整关系检验，并以碳强度为被解释变量，FDI 和自主研发分别作为解释变量进行回归分析，通过对数平均迪氏指数分解法从 FDI 的规模效应、结构效应和技术溢出效应角度对碳强度进行因素分解研究。实证结果显示，三个变量间存在长期的均衡关系，FDI 和自主研发可以有效地降低我国的碳强度，其中，FDI 的规模效应和结构效应不能降低碳强度，而技术溢出效应是降低碳强度的关键。郭沛、张曙霄（2012）利用 1994～2009 年的时间序列数据检验了 FDI 与碳排放之间的关系，发现它们之间存在协整关系，FDI 与中国碳排放量互为格兰杰因果关系。从长期来看，FDI 的增多将增加我国的碳排放量。刘倩、王遥（2012）的研究将金砖国家按 1985～2007 年人均收入平均水平划分为两个样本组，并分别对两组面板数据进行了实证分析。面板模型回归结果表明，无论是人均收入水平较高的 A 组 6 国还是较低的 B 组 10 国，FDI 流入均在一定程度上缓解了碳排放的压力，出口贸易依存度则对较为发达的 6 国的 CO_2 减排有正效应，这两个因素对碳排放的影响相对于能源和经济增长来说程度较弱。用面板数据因果检验研究了两组国家各要素的作用机理，结果表明较为发达国家的 FDI、出口贸易与碳排放均存在显著的联动关系，在较为不发达国家，CO_2 短期内影响 FDI 份额的变动。

张学刚（2011）从规模效应、结构效应、环境技术效应、管制效应的多重角度探讨 FDI 影响环境的作用机理。通过建立联立方程模型，利用我国 1988~2007 年数据定量分析了 FDI 影响环境的各种效应的大小和方向。研究结果表明：FDI 对环境产生了消极的规模效应、积极的结构效应、积极的环境技术效应，管制效应尚不明显，总效应为负。基于我国制造行业层面的研究结果进一步印证了这一结论。合理引导 FDI 产业布局，充分发挥技术进步、技术扩散作用，大力加强环境管制等政策措施应是实现 FDI 正面环境效应的有效途径。牛海霞、胡佳雨（2011）通过对我国 28 个省市面板数据实证分析得出，FDI 与我国二氧化碳排放正相关，FDI 提高 1%，人均二氧化碳排放增加 0.09% 左右，即 FDI 通过规模效应显著增加了我国二氧化碳排放量。区域分析表明，东部地区 FDI 的二氧化碳排放弹性系数最大、能耗强度最低。而基于脉冲响应函数的进一步分析得出，FDI 与我国能源结构、二氧化碳排放强度和能源消费强度呈长期的负向协整关系，FDI 引致我国二氧化碳排放规模负效应大于结构和技术正效应。江心英、陈志雨（2011）概述了 1998~2010 年江苏省引进 FDI 的规模和结构特征，应用 Kaya 恒等式评估了 1998~2010 年江苏省的年度碳排放量。应用单整检验和 EG 两步检验法，证明了江苏省 FDI 规模与碳排放量存在协整关系。利用格兰杰因果检验，证明了滞后期为 1~3 年时，江苏省 FDI 变化是碳排放量变化的原因，但碳排放量变化不是江苏省 FDI 变化的原因。从产业结构看，江苏省第一产业 FDI 的变化与碳排放变化不存在因果关系；江苏省第二产业 FDI 的变化从长期看是碳排放量变化的原因；不论是短期还是长期，江苏省碳排放量的变化均是第三产业 FDI 规模变化的原因。

由以上的文献综述，FDI 和碳排放关系的研究主要集中在实证方面。既有多个国家的面板回归分析,也有单个国家的因果关系检验。多个国家的研究发现,流入发达地区的FDI,跟流入发展中国家的FDI相比,对东道国碳排放产生了截然不同的结果。在FDI怎么实现改善东道国碳排放的现状方面,研究的结果给出了比较一致的解释:认为FDI通过技术扩散对东道国的碳排放产生了影响,FDI相对于内资的竞争者更能实现能源节约,FDI可能对改善能源效率具有正的影响。通过技术转让,外企更有效率的技术能够促成能源节约的技术效应。国内对于FDI与CO_2排放关系的研究,则鲜有涉及。鉴于CO_2排放增长对全球气候变化的深刻影响,以及我国在2009年底哥本哈根国际气候会议上减排40%~45%的承诺,本书旨在研究在不断开放和更加开放的中国,FDI对CO_2排放的影响。

第三节 研究思路

本书试图深入探讨FDI、经济增长和碳排放的关系。本书首先就FDI与碳排放的关系、经济增长与碳排放的关系进行了理论分析,从理论分析的角度得出若干假说,这些假说需要通过实证研究来检验。本书介绍了FDI、经济增长和我国碳排放的演变趋势,并定性地归纳出若干推测,这些推测也依赖于实证研究以判断其真伪。

其次,利用计量经济学方法,实证研究FDI、经济增长和碳排放的关系。不仅利用时间序列分析方法,进行协整检验、因果关系检验和脉冲响应分析来分析FDI与碳排放的关系、经济增长与碳排放的关系,而且还利用面板模型,实证分析FDI、经济增长与碳排放的相互动态关系。

再次,利用环境库兹涅茨曲线,用协整分析的方法实证研究我国经济增长过程中碳排放变化的轨迹和趋势。

选用主要工业行业的数据,用面板协整和面板因果关系检验的方法分析工业行业的外资参与、经济增长对行业碳排放的影响。

最后,在中国当前的发展阶段,我国正面临由全球化外需增长转向城市化内需增长的转型阶段,大量的人口由农村涌入城市,研究了加入城市化因素后,经济增长给我国碳排放带来的压力。

第四节 研究方法与创新点

本书主要应用计量经济学的研究方法，应用时间序列模型分析、单位根检验、协整检验分析等方法分析 FDI、经济增长对我国整体范围内碳排放的影响。同时运用新近发展的面板模型的方法，不仅分析东、中、西部地区 FDI、经济增长对各区碳排放的影响，还分析了 30 个工业行业内 FDI、经济增长对行业碳排放的影响。特别是运用比较先进的面板协整分析方法，建立了误差纠正模型进行面板因果关系检验。还构造了 VAR 模型，对 FDI 影响碳排放的结构效应与技术效应进行协整分析、因果关系检验及脉冲响应分析。

本书还应用比较研究的方法，对比研究东、中、西部地区经济增长、FDI 对碳排放的影响。

本书的创新之处在于以下几方面。

第一，将碳减排等资源约束条件引入内生增长模型，将碳排放等资源约束条件内生化，系统分析碳排放影响经济增长的内在机制。

第二，目前国内研究 FDI 与碳排放之间关系的文章很少。本书从我国整体、分区域、分行业的角度出发，研究在整体范围内，东、中、西部地区范围内，以及 30 个工业行业内 FDI 对碳排放的影响。

第三，本书对中国最新的面板数据进行了较为全面系统的计量分析，运用面板模型分区域、分行业检验 FDI、经济增长与我国碳排放之间存在的相关关系。发现不论是分区域还是分行业，FDI 对碳排放都具有减排的影响，而经济增长并不必然带来碳排放的增长。本书还构造了 VAR 模型分析 FDI 影响我国碳排放的结构效应与技术效应。发现 FDI 和 CO_2 排放强度和能耗强度之间存在长期的负向的协整关系，但它们之间并不存在长期的因果关系。

第四，运用比较先进的面板协整分析方法，建立了误差纠正模型进行面板因果关系检验，检验了工业行业经济增长与碳排放之间的双向因果关系。

第二章 FDI与碳排放关系的理论分析

第一节 温室气体的提出

CO_2是最主要的温室气体,工业革命被看作人为导致气候变暖的开端。但在西方科学发展的早期,人们几乎没有意识到CO_2的存在。法国科学家傅立叶第一个提出地球大气层可能具有"温室效应",他在1824年提出:如果地球上的热量仅仅来自太阳照射,那么以它的体积和与太阳的距离,地球应该比现在冷得多。"温室效应"假设提出40年后,爱尔兰科学家廷得尔第一个在实验中证实了温室气体的存在。不过廷得尔的注意力都放在了水蒸气上。瑞典科学家阿伦尼乌斯第一个提出CO_2浓度升高会导致地球变暖,阿伦尼乌斯计算过CO_2与水蒸气吸引红外线辐射的差别后提出了方程式:$\Delta F = \alpha \ln(C/C_0)$——如果$CO_2$以几何倍数增加,大气温度就会以算术倍数增长。当时,欧美的工业革命已进入末期。伴随着蒸汽机的发明,煤炭等化石能源被广泛使用。阿伦尼乌斯曾预言:由此排放的CO_2足以改变大气成分的比例,导致气温上升。

过去150多年里,大气中的温室气体随着工业生产的扩大逐步增加。1901年以来,世界平均气温上升了0.74℃。我们从有关地理研究结果得知,世界气温在过去一直处于波动状态,且这种波动和空气中的二氧化碳浓度有关。有证据显示,过去65万年里的任何时候的二氧化碳浓度都没有今天这么高,原来一直处于290PPM之下,现在已经达到390PPM,并且以每年2PPM的速度增加。

由于二氧化碳和大多数其他温室气体在大气中一旦形成就要停留很长时间，气温需要一段时间才能上升，因此地球表面平均变暖至少 2℃ 甚至更多，如今看来已不可避免。变暖程度在陆地上比在海面上更大，在北半球比在南半球更高。最近的研究表明，海洋的温度正在上升，高温造成海水酸性更强，这将对海洋生物构成严重威胁。变暖的海水释放出更多的二氧化碳，加剧了全球变暖效应。正如对 1982～2006 年这段时期的观测所显示的，温度在波罗的海（1.35℃）、北海（1.3℃）和南海（1.22℃）上升最多。

从 1978 年获得的卫星资料数据表明，北冰洋冰层的年均厚度正以每 10 年近 3% 的速度消融，夏季减少更快，超过 7%。北极冰冠的体积已不足 50 年前的一半。在这段时期内，北极的平均气温上升了大约 7℃。在美国地球物理学联合会 2007 年年会上提交的一些预测模型认为，北极到 2030 年就可能夏季无冰。

山地冰川在两个半球都处于后退状态，积雪平均来说也比以往更少。海平面在整个 20 世纪都在上升。变暖似乎加大了世界局部地区的干旱风险，同时导致其他地区降雨量大增。有证据显示，与几十年前一直所处的状态相比，大气层如今含有的水蒸气多多了，这是不稳定的气象状况包括热带风暴和洪水的重要成因。在过去的 40 年里，西风已经变得更强了。大西洋的热带飓风在这段时期内已经变得更密、更强，这也许是变暖的后果之一。

在 20 世纪 80 年代初，CO_2 增加会导致气候变暖这一理论并未得到普遍认同。科学家在未来是会变冷还是变暖这一基本问题上存在分歧。

大自然却在此时给人类敲响了警钟。20 世纪 70 年代初西非与澳洲发生特大干旱，中国在 1978 年也出现了新中国成立以来最严重的干旱，全国几乎所有省份都不同程度受灾。我国在 1985～1990 年，几乎年年都出现严重旱情。在五六十年代中国北方的年降水量可达到 800 毫米，现在却下降到 530 毫米。而在我国的南方却是暴雨频繁，例如 1991 年的大洪水、1998 年的大洪水、1999 年的大洪水。南涝北旱与气候的变化有关，同时也与海洋温度的增加有关。海洋温度的升高使夏季季风减弱，无法到达北方，而停留在长江和淮河流域。

20 世纪 70 年代的石油危机引发了英国的政治巨变。1979 年撒切尔夫人赢得了大选，她在任期内关闭大批煤矿，着力推动大型核电项目。撒切尔夫人说:"CO_2 会导致全球灾难性变暖。"英国从而成为世界上第一个承认人类活动导致气候变暖的国家。

第二节 全球气候变化的现状

进入 21 世纪,全球气候变暖的趋势愈发明显。2007 年,联合国政府间气候变化专门委员会发布第四份报告,指出地球的平均温度比有仪器记录的 1850 年上升了 0.76℃。大气中 CO_2 的浓度从工业革命前的 290PPM 上升到现在的 390PPM。

最先响应气候变暖的是南北极的冰盖。2007 年 9 月,美国太空总署发表声明,卫星监测的数据显示,北冰洋的海冰面积,已退缩到历史最低点。有人预言北冰洋第一个无冰的夏季将会是 2012 年。

地处世界第三极的西藏也在经历持续升温。2009 年的平均气温达到 40 年最高。西藏壮观的山地冰川出现大面积退缩。不仅是西藏,中国 80% 的冰川都处于退缩状态,而且退缩速度越来越快。气候变暖,冰川融化,紧随其后是海平面上涨。冰川融化带来的水量和温度升高导致的水体膨胀是全球变暖对人类最直接的威胁。

2008 年底,世界经合组织出具了一份全球港口研究报告,在全球前 20 座海平面上升最快和前 10 座受风灾影响最大的港口城市中有中国的上海、广州、深圳。全球的年平均海平面上升为 1.7 毫米,而我国的年平均为 2.6 毫米,上海的年平均是 3.8 毫米。2009 年,上海比 2008 年上升 8 毫米,未来 30 年可能会上升 80~130 毫米。

2006 年夏天,我国东南沿海遭遇新中国成立以来最强的台风,福建的福鼎在风暴过后严重受灾。同时,百年不遇的大旱在四川和重庆发生。而中国的旱灾在过去 10 年间频发。2010 年春天的世纪大旱波及全国,全国 1.6 亿农民受灾,西南五省除四川外,至少 218 万人受灾返贫,经济损失超过 350 亿元。IPCC 的模拟结果显示,至 2050 年左右,如果地球温度上升 2℃~3℃而不采取任何措施的话,将造成我国 10%~20% 的粮食产量下降。

在经历了连续十多个暖冬后,2009 年欧美和亚洲大部分地区经历了罕见的严冬。严冬使得欧洲多个城市的供电、交通出现中断。而在中国,这次严冬加上春旱，致使2010年夏粮6年来首次减产。气候专家指出，对气候变化应该全面地理解，既有平均值的变化也有幅度的变化；更冷、更暖、更湿、更干同时存在。原来百年不遇的概率很小的极端天气可以变成50年一遇、20年一遇。

就中国而言，气候变化对各行业的影响十分巨大。例如，气候变化对中国农牧业生产的负面影响已经显现，农业生产不稳定性增加；因气候变暖引起农作物发育期提前而加大早春冻害；草原产量和质量均有所下降，气象灾害造成的农牧业损失增大。未来气候变化对农牧业的影响仍以负面影响为主，小麦、水稻和玉米三大作物可能以减产为主；农业生产布局和结构将出现变化；土壤有机质分解加快；农作物病虫害出现的范围可能扩大；草地潜在荒漠化趋势加剧；火灾发生频率将呈增加趋势；畜禽生产和繁殖能力可能受到影响，畜禽疫情发生风险加大。

据国家气候变化对策协调小组办公室的初步估计，由极端天气和气候灾害所带来的损失现在和50年前相比已增加了10倍，20世纪90年代全世界发生的重大气象灾害比50年代多5倍。20世纪60年代，气象灾害平均每年造成的经济损失约40亿美元，而到20世纪80年代和90年代，气象灾害每年造成的经济损失则高达290亿美元。中国因气象灾害造成的年平均经济损失，20世纪50年代年均为80亿元，80年代增至年均410亿元，而到了90年代则年均高达1300亿元。

30年来骤然升高的温度影响了地球的自我调整。几十年来，海洋储存的CO_2越来越多，导致海水的酸化，海水酸化导致珊瑚大面积死亡。在极地，在加拿大北部和俄罗斯的西伯利亚，失去冰雪覆盖的冻土出现松动，释放出大量温室气体，包括暖化效力是CO_2 25倍的甲烷。

美国太空总署的报告称，2010年1~8月，全球地表平均温度比常年高出0.67℃，为131年来最高。而2010年初，当北半球中高纬度地区出现创纪录的罕见严冬时，低纬度地区及南半球的这个冬天是130年来的第二个暖冬。

由于温室气体排放增加，全球气候呈明显的变暖趋势。政府间气候变化专门委员会（IPCC）第四次评估报告指出：全球地表平均温度近百年来（1906~2005年）升高了0.74℃，最近50年的升温速率几乎是过去100年的两倍，最近10年是有记录以来最热的10年。报告认为，若不采取减排措施，21世纪全球气候仍将持续变暖。到2020年，全球地表平均温度相对于20世纪后20年大约升高0.4℃，到21世纪末可能升高1.1℃~6.4℃，其中以陆地和北半球高纬度地区的增暖最为显著。这将对地球气候系统产生深刻影响，进一步破坏人类与生态环境系统之间已建立起的相互适应关系，使全球的可持续发展受到严重的挑战。

第三节 政府间的谈判及成果

1992年，《联合国气候变化公约》获得通过。这份文件第一次明确提出要将大气中温室气体的浓度控制在安全线以下，并且提出各国共同但有区别的责任。随后几年气候谈判依旧艰难，各国关于具体如何减排争论不休。联合国政府间气候变化专门委员会在1990年的第一份报告中表明，过去100年里，地球的平均温度上升了0.3℃~0.6℃，而人类排放的温室气体对此有不可忽视的作用。

《京都议定书》于1997年12月11日通过，文件中第一次对空气进行量化分配。在议定书中，最发达国家的总体减排量是1990年的5%，其中欧盟承诺到2012年比1990年的排放减少8%，美国承诺减少7%，日本承诺减少6%。澳大利亚、冰岛和挪威等国的排放量仍旧被允许维持在1990年的水平。而中国和所有发展中国家都没有被要求承担法定的减排任务。

2002年通过的《德里宣言》首次在国际文件中明确提出应在可持续发展框架下对付气候变化问题，针对气候变化的适应性措施应是所有国家在气候变化方面的优先工作；《德里宣言》强调应对气候变化的战略、措施、方案与活动应充分考虑共同但有区别的责任原则和各国的能力、发展水平、优先选择和国情。2007年通过的《巴厘行动计划》等一系列文件，确定了《联合国气候变化公约》和《京都议定书》下双轨谈判的进程，一个是在《京都议定书》下的谈判，制定出发达国家2012年后量化的减排指标；另一个是在《联合国气候变化公约》下的谈判，要求没有参加《京都议定书》的美国要承担量化减排指标，发展中国家也要在发达国家技术和资金支持下，采取具有实质性效果的国内减排行动。《巴厘行动计划》确认了发达国家在2012年后继续减排，同时还要提供可测量、可报告和可核实的资金、技术和能力建设，以使发展中国家能够在可持续发展框架下采取可测量、可报告和可核实的适合国情的减排行动，为进一步加强《联合国气候变化公约》和《京都议定书》的有效实施指明了方向。

2009年12月，全球瞩目的哥本哈根气候会议召开。各国的元首和政府首脑来到哥本哈根，希望推动气候谈判的艰难进程。被廉价劳动力推高的中国经济，成为全球最大的碳排放源，消耗着全球40%的煤炭和7%的石油。印度、巴西、南非这些新兴国家的碳排放量和能源消耗也远远超出《京都议定书》签订时的水平。在哥本哈根会议上，发达国家要求将中国、印度等国家纳入量化减排。

在哥本哈根会议上，各方达成不具法律约束力的《哥本哈根协定》。这份协定采取自愿加入原则，截至2010年，已有140个国家签署《哥本哈根协定》。《哥本哈根协定》写入以下宏伟的目标：把全球气温升幅控制在2℃以下。发达国家要在2010~2012年向发展中国家提供300亿美元的支援。表2-1和表2-2为发达国家和发展中国家的CO_2减排承诺。

表2-1 发达国家2020年总体减排承诺

国　　家	减排目标	基期(年)
挪　威	30%~40%	1990
瑞　士	20%~30%	1990
冰　岛	30%	1990
欧　盟	20%~30%	1990
日　本	25%	1990
俄罗斯	15%~25%	1990
新西兰	10%~20%	1990
美　国	3%	1990
澳大利亚	5%~15%或25%	2000

表2-2 发展中国家2020年适当减排措施

国　　家	减排目标
中　国	碳强度较2005年降低40%~45%
印　度	碳强度较2005年降低20%~25%
巴　西	未来10年总量减少36.1%~38.9%

第四节 低碳经济的内涵

"低碳经济"最早见诸政府文件是 2003 年的英国能源白皮书《我们能源的未来：创建低碳经济》。2006 年，前世界银行首席经济学家尼古拉斯·斯特恩牵头在其《斯特恩报告》中指出，全球以每年 1% 的 GDP 投入，可以避免将来每年 5%~20% 的 GDP 损失，呼吁全球向低碳经济转型。1997 年，美国 2500 名经济学家共同声明：市场的政策是最有效的减缓气候变化的方法。Joseph Stiglitz 提出对二氧化碳排放量进行征税。Ramses Rashidi 指出，发达国家将高耗能、高污染、高排放的行业转移到发展中国家，造成发展中国家温室气体排放量增加，因此发达国家应当承担大部分责任。日本学者 Kaya Yoyichi 提出二氧化碳排放量的 Kaya 公式。一些学者从理论上对低碳经济进行探索，Lester R. Brown 出版《B 模式：拯救地球延续文明》一书，为发展低碳经济奠定了理论基础。2009 年，我国政府明确了我国 2020 年碳排放目标，并作为约束性指标纳入国民经济和社会发展中长期规划。

关于低碳经济，学者从不同的侧面提出了自己的理解。庄贵阳（2007）认为，低碳经济是指依靠技术创新和政策措施，实施一场能源革命，建立一种较少排放温室气体的经济发展模式，从而减缓气候变化。低碳经济的实质是能源效率和清洁能源结构问题，核心是能源技术创新和制度创新，目标是减缓气候变化和促进人类的可持续发展。付允等（2008）认为低碳经济是一种绿色经济发展模式，它是以低能耗、低污染、低排放和高效能、高效率、高效益（"三低三高"）为基础，以低碳发展为发展方向，以节能减排为发展方式，以碳中和技术为发展方法的绿色经济发展模式。鲍健强等（2008）指出，低碳经济是经济发展方式、能源消费方式、人类生活方式的一次新变革，它将全方位地改造建立在化石燃料（能源）基础之上的现代工业文明，转向生态经济和生态文明，并且，碳排放量成为衡量人类经济发展方式的新标志。刘细良（2008）认为低碳经济是在人类社会发展过程中，人类自身对经济增长与福利改进、经济发展与环境保护关系的一种理性权衡；是对人与自然、人与社会、人与人和谐关系的一种理性认知；是一种低能耗、低物耗、低污染、低排放、高效能、高效率、高效益的绿色可持续经济；是人类社会经历原始文明、农业文明、工业文明之后的生态文明；是人类社会继工业革命、信息革命之后的新能源革命。金乐琴等（2009）认为低碳经济是一种新的经济发展模式，它与可持续发展理念和资源节约型、环境友好型社会的要求是一致的，与当前大力推行的节能减排和循环经济也有密切联系。郭凤霞（2011）将低碳经济界定为一个新的经济、技术和社会体系，作为一种全新的发展观，它摒弃了20世纪工业化过程中对化石能源的消费过高、温室气体排放力度大的经济增长模式，通过创新节能减排技术、优化产业结构、创新制度安排以及新能源开发等途径，形成低能耗、低碳排放的发展模式。郭凤霞（2011）归纳了低碳经济的特点如下：①经济性。一是发展低碳经济并不是以使人们的生活水平和福利待遇水平下降为代价；二是低碳经济严格按照市场经济体制的规则和机制进行发展。既反对奢侈浪费，又必须不断地提升公众的生活水平。②技术性。即通过技术改革，提高能源利用率，降低碳排放强度。提高能源利用效率要求我们在消费同样数量能源的前提下，提高人们享用到的能源服务质量；后者要求我们在排放同等温室气体的条件下，生活水平和福利待遇条件有适当的提高。③目的性。低碳经济以减少温室气体排放为主要目标，保持大气中温室气体相对稳定的浓度，减少影响人类存在与发展的诸如全球气候变暖等问题，实现人与自然的和谐相处与共同发展。

随着人们对当前严峻环境问题的深刻认识，低碳经济的呼声日渐高涨，关于低碳经济的研究也在增加。发展低碳经济，其本质是在保持经济社会发展的同时，实现资源高效利用和能源低碳或无碳开发，减少废气排放，实现经济增长与能源消费、含碳气体（主要是二氧化碳）排放脱钩。低碳经济包括低碳生产、低碳消费、低碳生活、低碳技术等方面，理解低碳经济的内涵，必须认识到低碳经济不仅是经济增长方式和发展道路的全新变革，还是区域发展和社会进步的重要途径。低碳经济的内涵如下：

第一，低碳经济是经济增长方式和发展道路的全新变革。在高碳体制下，经济的增长是靠能源高消耗和环境重污染换取的，人类的许多活动都向大气、水体、土壤等自然和人工环境排放有害物质，对环境造成了严重的污染，生态受到极大的破坏。现在各国尤其是发展中国家普遍存在的能源消费方式为一次能源占绝大比重，而可再生能源及核能使用率比较低，能源消费结构加速了环境恶化。经济赖以发展的化石能源是以高二氧化碳排放为代价的，大量的二氧化碳排放已经严重影响人类的生存环境。人们逐渐意识到高碳能源支撑的工业化对未来人类生存环境产生的威胁，开始重新思考经济发展模式，低碳经济的出现是人类寻求经济可持续发展的结果。与高能耗、高污染、高排放为特征的高碳经济相对应，低碳经济是以遏制气候变暖为基本要求，以低能耗、低排放、低污染为基本特征，以实现经济社会的可持续发展为基本目的的经济形态，通过提高能源技术和减排技术，转变产业结构和人类生存发展观念，以实现经济的绿色增长和维持全球的生态平衡。

第二，低碳经济是社会进步和区域发展的重要途径。低碳经济作为一种低能耗、低污染、低排放的经济模式，是人类社会形态继农业文明、工业文明之后的又一次重大进步，被认为是继工业革命、信息革命后，第五波改变世界经济的革命浪潮。作为21世纪人类最大规模的经济、社会和环境革命，低碳经济实现了人和自然的和谐共处，将比以往的工业革命意义更为重大、影响更为深远。同时，低碳技术的开发和利用也为世界创造一个新的游戏规则，碳排放是其新的价值衡量标准，所有的国家和地区将在新的标准下重新洗牌，这将是一个转型的契机，低碳经济为落后国家提供了超越的机遇。

第五节 低碳经济的理论基础

一 资源环境经济理论

王文哲（2011）指出，自然资源与自然环境是人类社会生存和发展不可或缺的基础。自然资源是指人类可以利用的、自然生成的物质与能量，是人类生存的物质基础，主要包括气候、生物、水、土地和矿产等；环境是影响生物机体生命、发展与生存的所有外部条件的总和，包括环境容量、环境景观、生态平衡等。在资源、环境与经济复合系统中，环境被看作可以向人类提供资源和服务的财产，使用环境资源或获取环境服务需要付费并计入成本。

第一，环境系统为人类经济系统提供能源和原材料，而人类则向环境排放污染或废弃物。在一个完全封闭的经济系统中，不可能有净物质的增加量。经济系统中消耗物数量终归等于从自然环境中获取的物质和能量的总和。人类从环境中获取能量和物质，并按自身要求来改变物质存在的形态，通过物质形态改变来增加对自身有用的效用，最终这些物质将以废弃物的形式返回环境系统中。在这个循环过程中人类居于主动地位，不论资源的获取还是废弃物的排放都是按照人类的标准来决定取舍的，而环境系统只是一个被动的承受者，而且这种关系随着人类征服自然和改造自然能力的提高而增强。

第二，在人类经济子系统中，物质流动不是单向的。在子系统内部物质可以反复使用。对废弃物的处理是人类经济活动的必然结果和必要延伸，是人类经济系统的自我调节。这有利于减少人类活动对环境系统的负面影响，增加二者之间的协调，增强自然系统与经济社会系统的稳定性，延长环境资源的持续利用时间。

第三，利用环境具有成本。环境成本应当纳入企业成本，成为"经济人"决策的依据。环境是一种特殊的财产，提供了人类从事经济活动的物质支持系统，只有合理利用，才能长期可持续利用。

薛睿（2011）认为，资源经济学为低碳经济的发展与研究主要提供了以下几点基础：

一是资源经济分析的基础理论与基本分析范式。在资源经济学的研究对象中，包括对能源经济的分析。不可再生能源耗竭理论，结合我国实际，提出中国能源发展战略与对策，为低碳经济发展提供基本依据。自然资源的市场配置理论，包括需求、供给和价格分析。资源经济的外部性理论，是资源公共物品的配置理论。自然资源经济的评价方法，是基础分析方法之一。资源经济政策包括税收政策和产权交易政策两大类，是低碳经济政策的理论依据之一。资源经济转型理论则直接引出低碳经济的发展。

二是资源经济的子学科包括低碳经济理论与循环经济理论。低碳经济分析与循环经济分析属于资源经济分析的大框架，只是研究的对象与侧重点不同，基本分析理论相似，经济政策上也有相同点。

二 循环经济理论

方大春、张敏新（2011）认为，循环经济按照自然生态系统物质循环和能量流动规律重构经济系统，使经济系统和谐地纳入自然生态系统的物质循环的过程中，建立起一种新形态的经济，循环经济在本质上就是一种生态经济，要求运用生态学规律来指导人类社会的经济活动。经济增长和结构优化长期稳定推进。

循环经济主要着眼于经济和资源环境间的协调，本着减量化、再利用和资源化的原则，对传统发展理念进行根本性的革新，以低消耗、低污染排放和高效率为其基本特性。不管从何种角度，发展循环经济都强调在我们发展经济的同时必须注重对资源的高效及循环利用，尽可能减少污染排放造成的环境损害，用最少的环境代价获得最优的经济社会效益，从而实现经济、社会、资源环境的协调发展。

循环经济以资源的循环再利用为核心，且这种循环不仅仅是单纯的经济循环，而是资源在国民经济再生产体系的各个环节的不断循环利用。其中主要有：自然资源的合理有序开发；产品加工生产过程中通过先进的技术手段实现环境友好型产品并且把可回收利用作为产品的生产原则；流通以及消费环节中对最终产品的消费；资源回收利用在生产加工环节的体现。循环经济的发展基于3R原则，即所谓的减量化、再利用和资源化。把3R原则应用于循环经济发展的整个过程，对循环经济的顺利实施有重大的指导意义。减量化原则，针对生产输入端，目的在于降低进入生产和消费环节中的物质及能量流量，它要求从源头上减少废弃物的产生及排放；再利用原则，目的在于尽量延长产品或服务工作寿命，尽量多次地使用产品，增加产品循环利用的频率；资源化原则，将废弃物重新变成资源从而降低最终处理工作量，以废物再利用的最大化和废物排放最小化为最终目标。

低碳经济与循环经济的主要相似处有：一是具有共同的经济学基础理论，包括资源经济学、环境经济学和可持续发展理论。共同的理论基础包含相似的分析范式和发展理念。循环经济与低碳经济最终都是为了实现经济社会与自然的可持续发展，是科学发展观的最新体现。二是循环经济与低碳经济是具有相似目标的发展模式。传统经济发展模式以资源环境高成本为代价。循环经济和低碳经济的目标均包含转变传统经济发展模式，缓解经济社会发展的资源环境压力。循环经济和低碳经济从不同的侧重点出发，均为了达到转变经济发展方式、建设资源节约型和环境友好型社会的共同目标。三是循环经济和低碳经济均是贯穿于生产和消费等经济全过程的发展模式。在经济生产环节，循环经济要求实现资源减量化和生产废弃物再利用，低碳经济要求低碳清洁能源和低碳技术的持续性使用。在消费环节，循环经济要求消费品废弃物实现回收再利用，低碳经济要求实现低碳消费模式。循环经济和低碳经济均要求实现生产和消费全过程的低能耗、低排放的节约目标。四是循环经济和低碳经济均是覆盖面广并互相衔接的系统。循环经济和低碳经济均涉及经济发展的诸多领域，是互相联系并互相促进的系统。在工业生产环节中，减少化石燃料的投入比重，以废弃物回收再利用来减少原材料的消耗，不仅是循环经济的要求，也是低碳经济的体现。循环经济和低碳经济是互相促进和衔接的。五是循环经济和低碳经济均注重技术创新与制度创新。循环经济以循环技术创新为动力，要求生产、消费、市场领域的体制机制创新。低碳经济以低碳技术创新为动力，同样要求配套体制机制创新，实现全新发展模式。六是低碳经济发展政策与循环经济发展政策的作用机理相似。循环经济可以为低碳经济发展提供诸多借鉴。循环经济的发展政策可以为低碳经济发展政策提供重要的借鉴。针对循环经济的财税政策，其作用机理效果相似，包括资源配置效应和政策效应。政策产生的相关技术进步、对区域经济的影响及其对生态的影响相似。在低碳经济发展过程中，可以借鉴循环经济的财政、税收政策和相关法规。

低碳经济与循环经济的不同之处在于：一是研究侧重点不同。循环经济侧重于物质资源在经济生产和消费中的循环，以减量化、再利用和资源化作为资源节约评价标准。低碳经济侧重于以碳排放量的降低为标准，以低碳能源使用和低碳技术使用为主要方式，保护全球生态环境，防止全球气候变暖趋势。二是解决矛盾的突破口不同。人类经济社会发展与生态环境保护的矛盾日益加剧，循环经济与低碳经济的初衷都是为了缓和这个尖锐的矛盾。循环经济以资源的高效、循环利用来改善生态环境。低碳经济以降低人类二氧化碳等温室气体排放量来保护地球大气和生态系统，减缓全球温室气体效应的步伐。

低碳经济与循环经济都是"两型社会"建设的重要组成部分，二者在本质上有共同之处。相比循环经济，低碳经济更能体现目前经济发展过程中的主要矛盾，追求的目标从高碳向低碳转变。从辩证哲学角度，低碳经济体现出抓住主要矛盾解决主要问题的思想。这些经济思想是人类面对资源危机、环境污染、生态破坏日益严重等问题自我反省与改进的结果，是对人类和自然关系的重新认识和总结。

三　可持续发展理论

1987年，世界环境与发展委员会在题为《我们共同的未来》的报告中，第一次阐述了"可持续发展"的概念。在可持续发展思想形成的历程中，最具国际化意义的是1992年6月在巴西里约热内卢举行的联合国环境与发展大会。在这次大会上，来自世界178个国家和地区的领导人通过了《21世纪议程》《气候变化框架公约》等一系列文件，明确把发展与环境密切联系在一起，使可持续发展走出了仅仅在理论上探索的阶段，响亮地提出了可持续发展的战略，并将之付诸全球的行动。2002年8～9月在南非约翰内斯堡召开的可持续发展世界首脑会议，最后通过了两份重要文件《约翰内斯堡可持续发展承诺》和《执行计划》，显示了各国采取行动，以拯救我们的星球、促进人类发展、实现共同繁荣与和平的决心。会议还在可持续发展的社会经济与环境问题上提出了新的发展目标和实现目标的时间表。

王彦彭（2010）认为可持续发展涉及可持续经济、可持续生态和可持续社会三方面的协调统一，要求人类在发展中讲究经济效率、关注生态和谐和追求社会公平，最终达到人的全面发展。具体地说：

一是在经济可持续发展方面。可持续发展鼓励经济增长而不是以环境保护为名取消经济增长，因为经济发展是国家实力和社会财富的基础。但可持续发展不仅重视经济增长的数量，更追求经济发展的质量。可持续发展要求改变传统的以"高投入、高消耗、高污染"为特征的生产模式和消费模式，实施清洁生产和文明消费，以提高经济活动中的效益、节约资源和减少废物。从某种角度上，可以说集约型的经济增长方式就是可持续发展在经济方面的体现。

二是在生态可持续发展方面。可持续发展要求经济建设和社会发展要与自然承载能力相协调。发展的同时必须保护和改善地球生态环境，保证以可持续的方式使用自然资源和环境成本，使人类的发展控制在地球承载能力之内。因此，可持续发展强调发展是有限制的，没有限制就没有发展的持续。

生态可持续发展同样强调环境保护，但不同于以往将环境保护与社会发展对立的做法，可持续发展要求通过转变发展模式，从人类发展的源头、从根本上解决环境问题。

三是在社会可持续发展方面。可持续发展强调社会公平是环境保护得以实现的机制和目标。可持续发展指出世界各国的发展阶段可以不同，发展的具体目标也各不相同，但发展的本质应包括改善人类生活质量，提高人类健康水平，创造一个保障人们平等、自由、教育、人权和免受暴力的社会环境。这就是说，在人类可持续发展系统中，经济可持续是基础，生态可持续是条件，社会可持续才是目的。

21世纪人类应该共同追求的是以人为本的自然-经济-社会复合系统的持续、稳定、健康发展。作为一个具有强大综合性和交叉性的研究领域，可持续发展涉及众多的学科，可以有不同重点的展开。例如，生态学家着重从自然方面把握可持续发展，理解可持续发展是不超越环境系统更新能力的人类社会的发展；经济学家着重从经济方面把握可持续发展，理解可持续发展是在保持自然资源质量及其持久供应能力的前提下，使经济增长的净利益增加到最大限度；社会学家从社会角度把握可持续发展。

虽然可持续发展的思想已被普遍接受，但是至今没有一个可被接受的广泛的定义。但是，可持续的两大特征是为大家所认可的：一是发展的持续性，即发展能持续满足现代人和未来人的需要，达到现代人和后代人利益的统一；二是发展的协调性，即经济与社会发展必须充分考虑资源与环境的承载力，强调社会、经济与资源、环境的协调发展，追求的是经济高效率、社会公平、代际兼顾、人和自然的和谐。因此，林伯强（2011）将可持续发展问题归纳为经济增长、社会公平、资源可持续利用和环境保护。

可持续发展实际上集中地反映为能源利用和选择问题。对枯竭性能源而言，可持续发展要求尽量节约能源资源、保护环境、维护能源和环境的社会公平。可持续发展的能源解析表现在资源、环境和社会三个方面。在资源层面，随着煤、石油等不可再生资源的开发利用，能源资源枯竭日益严重，价格上涨，现代经济和社会发展对能源的依赖使能源价格成为经济发展的一个主要约束；在环境层面，化石能源的开采利用是导致环境压力的主要来源；在社会层面，能源是满足现代人的基本需要和服务的前提，能源供应和质量的均衡是反映社会公平和谐的重要因素。

中国处于经济快速增长的城市化工业化阶段，可持续发展不能否定经济快速增长，低碳发展也不能否定经济快速增长。因此，在保证适度的经济增长的条件下，优先发展节能产品，促进能源资源的可持续利用，降低温室气体排放，减少环境污染，实现经济又好又快增长。

由于能源和环境问题，中国经济快速增长是一个可持续发展的问题，也是一个低碳发展的问题。改革开放30年的经济增长带来：收入大幅度提高，能源资源枯竭，环境污染严重。以目前的能源结构和消费方式，二氧化碳将大幅增长。因此需要在尽量满足能源需求的前提下，探索低碳经济的发展之路。

可持续发展并不是意味着零发展，而是生态环境与经济统筹发展。也可以说，可持续发展的核心就是发展，其发展的宗旨是不仅仅要考虑当前的发展需要，也要考虑未来人类发展的需要，不能以牺牲后代人的发展空间来满足当代人发展的利益。可持续发展并不否认经济增长，尤其是发展中国家和一切贫困国家，消除贫困也是可持续发展观的重要内容，而且可持续发展更加重视如何实现经济增长的模式，告别以"高消耗、高排放、高污染"为特征的粗放式增长模式向集约型转变，是发展中国家经济发展的必由之路，也是可持续发展观要求下的必然选择。

可持续发展为低碳经济提供了理论基础。低碳经济以可持续发展为理念，以低温室气体排放量为目标，走资源节约型、环境友好型道路。低碳经济要大力发展新能源和清洁能源技术，解决资源危机，引领经济可持续发展，从而带动整个社会可持续发展。低碳经济道路也体现了追求代际公平发展的原则。

第六节　FDI与碳排放关系的因素分解分析

Grossman 和 Krueger（1991）的污染排放分解公式为：

$$P = Y \sum S_i I_i$$

公式中，Y 为总产出，I_i 为行业 i 的排污强度，S_i 为行业 i 产出占总产出 Y 的比重。该公式将 FDI 对环境的影响分解为三大因素——经济规模、经济结构和技术。

一是规模效应。随着经济总量的扩张，要素和资源的投入不断增加，石油等矿物质能源的消耗加剧，带来污染排放包括二氧化碳排放的增多，从而恶化了环境，带来全球气候变化和一系列的多米诺骨牌效应。这并不是对规模效应的全盘否定，毕竟规模总量的扩大对环境的影响有其积极的一面。经济增长带来人均收入的提高，当社会富裕程度达到一定水平时，社会要求更高质量的环境，政府和民众优先考虑改善环境质量、治理环境污染，减少二氧化碳排放，导致政府和社会投资于环境的意愿和行动增大增多，环境状况好转。但规模效应对环境正面的影响是很令人怀疑的。关于环境 EKC 假说，国内外大量的实证研究都证明，倒 U 形的环境库兹涅茨曲线只适应于有限的污染指标，例如二氧化硫等局部的主要城市污染物的排放-收入曲线形状是倒 U 形的，而二氧化碳的排放-收入曲线形状是不规则的。另一方面，即使倒 U 形的环境库兹涅茨曲线存在的话，目前对大多数发展中国家来说，它们处在这条倒 U 形曲线的左侧，尚未跨越拐点。从这一点来讲，就发展中国家而言，规模的扩大只会增加环境污染、增加碳排放，规模效应的积极作用尚未显现。相反，由于发达国家大多已跨越了拐点，处于环境库兹涅茨曲线的右侧，因此对发达国家而言，经济规模存在着正面和负面的双重的环境影响。总体来说，经济规模扩大的负面环境效应一般大于其正面环境效应。

二是结构效应。工业革命和工业化进程使一国经济从以农耕为主快速转变为以工业为主，从而加重了环境污染和二氧化碳排放。因为伴随着工业化进程的扩张，越来越多的资源被开发利用，超过了环境承受能力，资源消耗速率超过了资源的再生速率，环境污染加剧，二氧化碳排放增加，环境质量下降；当经济进一步发展到更高的水平时，伴随着产业结构的升级，产业结构从资源密集型和污染密集型为主的重工业向技术密集型产业和服务业升级，污染排放和碳排放减少。也就是说，结构效应对环境的影响有正的一面，也有负的一面。当一国经济处于工业化阶段时，结构效应对环境的影响是消极的；而当经济步入后工业化、知识化和信息化阶段时，结构效应是积极的。

三是技术效应。根据罗默的增长理论，技术进步会提高自然资源的利用效率，使自然资源得以节约和循环利用，导致在既定产出水平下自然资源消耗减少,从而减少了污染排放和碳排放,即技术进步的环境影响是正面的。

这样,本书认为,二氧化碳的排放与规模效应同向变化;二氧化碳排放与技术效应反向变化。碳排放的结构效应可正可负,取决于经济所处的发展阶段。

FDI 对影响碳排放的规模、结构和技术效应都有一定的影响,从而间接地作用于碳排放。

一 FDI 影响碳排放的规模效应

FDI 对环境质量影响的规模效应(Scale Effect)是指 FDI 扩大经济规模所带来的环境间接改善以及规模增长对环境所构成的直接损害。正面的影响来自 FDI 引致的人均收入的增长。总体而言,随着人均收入水平的提高,居民对环境质量的要求也随之提高,他们有较高的意愿购买环保产品,居民的这种要求促使政府制定严格的环境标准以解决环境问题,此时,FDI 的规模效应有利于保护环境。负面的影响则来自 FDI 扩大了环境外部性。FDI 带来的经济增长引起污染排放量的变化,即随着经济活动的增加,消费随着一国经济规模的扩张,FDI 的扩大,必然带来生产规模的扩大,在一定的生产技术条件下,在产品的生产过程中,要增加产出就需要增加投入,这样就要消耗更多的自然资源,排放更多的副产品——污染物,由此带来环境质量的降低及污染物排放量的绝对增加的负效应。所以说 FDI 对环境影响的规模效应是不确定的,它在一国经济发展的不同阶段所产生的效应不同,我们也可以借助倒 U 形环境库兹涅茨曲线来说明。随着经济发展水平的提高,人均收入的增长,污染水平呈现先增后减的特征。关于先增后减的转折点,许多研究表明,较发达国家这个转折点的人均收入水平一般在 4000~5000 美元,也就是说,当人均 GDP 在 4000~5000 美元时,经济规模的扩大将导致如工业废气、废水、固体废弃物等污染物的排放量的增加,使环境质量恶化;当人均收入超过这个临界值继续增长时,人们开始注意环境保护,把更多的资金用于环境保护,污染程度将有所缓解,环境状况又得到改善。就我国目前的经济发展水平来看,人均 GDP 不足 1000 美元,所以我国还处于环境库兹涅茨曲线的上升段,FDI 促使我国经济规模进一步扩大,这可能会给我国的环境质量带来负效应。

伴随经济的发展和科技进步，产业结构从高耗能产业向低耗能产业转变，在很大程度上减少了环境污染源，加之人们的环境保护意识增强和治理措施逐渐加强，因而抑制了环境污染随经济发展持续加剧之势，使环境质量得以较好改善。值得指出的是，大部分发达国家，在产业结构调整过程中纷纷将高污染企业转移到低收入的发展中国家，虽在某种程度上减少了其国内的环境污染，却加剧了低收入国家的环境恶化。这种"污染倾销"现实，亦导致经济增长与环境质量之间的 Kuznets 曲线在不同发展水平国家存在一定程度的扭曲。然而不可否认的是，借助 EKC 模型可揭示一个国家或地区经济发展与环境质量变迁之间的演化规律和可能态势，有助于总结经验教训和预先采用适宜的对策方略，在促进经济有序发展的同时可以避免环境的恶化和使其得以改善。改革开放以来，中国经济持续较快的发展使社会日益繁荣和人们的生活水平显著提高，然而环境质量却不断恶化。因碳排放显著增加引发的城市"热岛"效应、气候灾变等危害，既严重制约着我国的可持续发展，亦令全球忐忑不安。为此，借助上述有关 EKC 模型探析中国经济增长与碳排放之间的相依关系和演变态势，以制定适宜的对策方略。

认为 FDI 的规模效应带来环境污染和碳排放增加的理论以"污染天堂"假说为代表。在开放经济中，资本的流动取决于一国资源禀赋的状况。作为 FDI 的主体，跨国公司将生产要素进行国际配置。作为环境要素，碳排放属于要素配置的范围。"污染避难所"假说的理论依据就是将环境要素引入 H-O 模型。将环境要素引入赫克歇尔－俄林的分析框架，那么对碳排放等污染物不加限制或限制少、环境保护程度低的国家，环境要素是充裕的。相反，对碳排放等污染排放严格限制、环境保护程度高的国家，碳排放这一环境要素是稀缺的。因此，高环境标准国家的企业往往将生产转移到低环境标准的国家，以规避国内的环境管制，从而实现了"污染转移"。由于国家之间环境管制程度的差异，使环境管制宽松的国家容易吸引能源密集型、污染密集型产业的进入，成为"污染避难所"。而发展中国家的环境标准较发达国家为低，因此往往成为"污染天堂"的理论依据，也是 FDI 集中于发展中东道国高能耗、高污染密集型产业的理论解释。

围绕关于"污染天堂"假说是否成立，Xing 和 Kolstad（1995）为该假说提出了颇有代表性的三点存在前提条件：首先，对环境进行保护一定会增加污染产业的成本；其次，严格的环境管制会限制新的投资的进入，使 FDI 转移到环境管制宽松的国家或地区；最后，某些环境政策直接对生产范围和投入物进行管制，使 FDI 不得不进行投资地区的选择。以上三点都指出，严格的环境管制提高了成本，使投资从环境管制严格的地区向环境管制宽松的地区转移。所以，环境管制严格的母国企业，在本国环境管制不断加强、环境成本不断提高的情况下，可能实施跨境污染转移，从而产生了"污染避难所"。

在"污染天堂"假说存在的现实依据上，Gouming Z. C.，Yangui Z.，Shunqi G.（1999）对具体的事例进行了分析。他们分析了一些亚洲投资者在中国的投资，指出 FDI 在玩具、塑胶等污染性产业的投资不仅破坏了环境，还影响了人们的健康。

发达国家的环境管制，促使跨国公司通过对外投资将污染产业转移。这样可以获得东道国廉价的资源，而资源开发的结果则是环境污染和碳排放增加。一些跨国公司在母国或其他国家的碳排放可以做到低排放甚至零排放，而在发展中国家连基本的排放标准也达不到。可见，一向标榜社会责任的跨国公司在发展中国家却以双重标准来对待碳排放等环境问题。从经济学角度分析，作为一个盈利主体，跨国公司在追求经济利益的同时，必然会提高碳排放，对环境造成不可避免的破坏作用。同时，如果东道国在规范碳排放等环境保护的法律与制度保障不健全，跨国公司就会在利益的驱使下，放弃母国的环境保护的高标准，转而实施适应于东道国的有利于节约成本的低环保标准。

面对这样的现实，谋求低环境成本以追求短期利润的经济行为将发生。因此证实了 FDI 倾向于将污染密集型产业建立在环境标准相对较低的发展中东道国。而环境与经济活动的关系是相互的，经济活动不可避免地影响着环境，而环境也会反作用于经济活动，环境恶化会影响经济活动。

IPCC 第四次评估报告对未来的气候变化及其影响进行了评估。在现有的减排政策和可持续发展实践的基础上，全球温室气体排放量在未来几十年仍将持续增长。IPCC 根据一系列排放情景预测得出的结论是，2000～2030 年全球温室气体排放量将增长 25%～90%，而每 10 年全球气温将增加 0.2℃。许多行业和自然系统将受到气温上升的影响，主要影响包括：①对生态系统的影响：陆地生态系统的碳净吸收可能在21世纪达到高峰，随后减弱甚至逆转，进而对气候变化起到放大作用。如果全球平均温度增幅超过1.5℃~2.5℃，并伴随碳浓度增加，在生态系统结构和功能、物种的生态相互作用、物种的地理范围等方面会出现重大变化。由大气碳浓度升高导致的海洋进一步酸化，会对海洋壳体生物及其寄生物种产生负面影响。②对粮食、纤维和林业品的影响：干旱和洪涝发生频率的增加，会对局部农作物产量产生负面影响，尤其是对低纬度地区农作物产量产生影响。由于持续变暖，某些鱼类的分布和产量会发生变化，并对水产业和渔业产生不利影响。③对海岸带系统和低洼地区的影响：由于气候变化和海平面上升，海岸带会遭受更大风险，包括海岸带侵蚀。人口稠密和低洼地区，已经面临热带风暴、海岸带沉降和洪涝风险。受影响的人口数量在亚洲和非洲的大三角地区最多，而小岛屿则更加脆弱。

气候变化对发展中国家存在更为严重的威胁。发展中国家本身处于地理劣势，和发达国家相比，发展中国家所处区域的气候总体已经够暖，还要承受多变暴雨的侵害。同时，发展中国家的公共基础设施不足且措施有限，在面对气候变化时非常脆弱，气候变化很可能进一步提高疾病的发病率和死亡率。

2007年6月，国务院发布的《中国应对气候变化国家方案》就未来气候变化对中国的影响进行了分析，主要影响包括：①气候变化对中国农牧业的影响：农业生产的不稳定性增加；农业生产布局和结构将出现变动，种植制度和作物品种将发生变化；农业生产条件发生变化，农业成本和投资需求将大幅度增加；潜在荒漠化趋势增大；某些家畜疾病的发病率可能提高。②气候变化对中国森林和其他生态系统产生不同程度的影响：森林类型的分布北移；森林生产力和产量呈现不同程度的增加；森林火灾及病虫害发生的频率和强度可能增高；内陆湖泊和湿地加速萎缩；冰川与冻土面积加速减少；积雪量可能出现较大幅度减少；对物种多样性造成威胁。③气候变化对中国水资源的影响：全国多年平均径流量在北方部分省份可能明显减少，在南方部分省份可能显著增加；气候变化可能增加中国洪涝和干旱灾害发生的几率；中国北方地区水资源短缺形势不容乐观；在水资源持续开发利用的情况下，未来50~100年，全国大部分省份水资源供需基本平衡，但区域水资源供需矛盾可能进一步加大。④气候变化对中国海平面及海岸带生态系统的影响：中国沿岸海平面仍将继续上升；发生台风和风暴等自然灾害的几率增大，造成海岸侵蚀及致灾程度加重；滨海湿地、红树林和珊瑚礁等典型生态系统损害程度也将加大。

基于以上的分析，本书认为，二氧化碳的排放与 FDI 规模效应同向变化。这样定性的结论是否正确，留待后面章节的实证检验。

二 FDI 影响碳排放的结构效应

工业化和城市化进程加剧了能源和资源的消耗，增加了二氧化碳和其他污染物的排放。工业革命之后，温室气体排放大量增加。工业革命之前，CO_2 的浓度是 290PPM，现在的浓度大约是 390PPM，增加了 35%。20 世纪之后，随着石油开采和加工工艺的进步，汽油成为汽车、飞机等现代交通工具的主要动力燃料，并在西方国家迅速普及。自从 1875 年实现火力发电以来，大规模使用电成为可能，人类又进入了电气时代。所有这些科技进步，都以燃烧化石能源、释放 CO_2 为基础。至今，人类每年排放的 CO_2 当量约为 315 亿吨，速度是工业革命前的 6 倍。

FDI 对环境质量影响的结构效应（Composition Effect）是指 FDI 流入引起的一国产业结构的变化而对环境质量产生的影响。假设生产规模不变，当一国采取严厉的环境管制时，污染产业的比重降低，结构效应对环境产生正面的影响；当考虑到污染产业的 FDI 流入环境管制宽松的发展中国家，从而增加污染产业在该国产业中的比重时，结构效应倾向于提高一国的污染水平。"污染天堂"假说表明我国相对宽松的环境管制吸引污染产业的外资的流入，会增加产业结构中污染部门的比例。产业结构的变化是指是国民经济各个产业之间和产业结构内的量的比例关系的变化，常用不同行业产值比例或各行业增加值占 GDP 的比重来表示，从产业结构的演化来看，工业化过程是非农业迅速发展、非农业在国民经济中的比重不断提高的过程。在非农业产业中，第二产业与第三产业的发展与资源环境的关系有不同的特点：第二产业是对资源进行加工的产业，工业生产过程是人类与自然不断进行物质、能量交换的过程，在其他条件（如组织、技术、管理等）不变的条件下，第二产业规模的扩大必然意味着对资源需求量的增长以及污染物的排放的增加；第三产业是为生产和生活提供服务的产业，在生产过程中与大自然不发生直接的、大量的物质能量交换。因此工业对资源环境的影响比服务业要大得多。在经济发展的过程中，第一产业和第三产业所产生的污染较少，而第二产业特别是工业部门是污染的主要来源。

论述 FDI 影响环境的结构效应的理论以"边际产业扩张理论"和"产品生命周期理论"为代表。边际产业扩张理论从比较优势的角度解释了跨国公司的产业转移。该理论是日本一桥大学教授小岛清在 20 世纪 70 年代根据国际贸易比较成本理论，以日本厂商对外直接投资情况为背景提出的。小岛清把对外直接投资的理论建立在"比较利益原理"的基础上，采用传统国际贸易的 2×2 模型。主要观点是：对外直接投资从本国已经处于或即将处于比较劣势的产业，即边际产业开始，并依次进行。这些产业在东道国是具有比较优势或潜在比较优势的产业。边际产业扩张理论揭示了日本企业海外投资的逻辑发展，这种日本式的对外投资，只是将日本在国内发展中处于比较劣势的产业，即劳动密集型产业和资源密集型产业转移到发展中国家，以实现国内的产业升级。

伴随着发达国家进入后工业化时代，对国内的环境保护程度不断加强，政府制定高的污染产业进入门槛和环境标准，采取严厉的环境管制措施，大幅提高了企业的环境成本。在这样一种大背景下，发达国家原先的污染密集型和资源密集型行业失去了比较优势，成为边际产业，率先进行对外直接投资。日本对外投资的产业选择，就是从本国的边际产业开始的，如初级产品制造加工业，煤炭、石油等资源性产业等。日本初期的对外直接投资带有明显的国内边际产业向外转移的特征。

弗农的产品生命周期理论以产品生命周期变化解释了跨国公司的产业转移现象。产品生命周期理论把新产品从上市到发展、衰退、消亡的过程概括为四个阶段：导入期、增长期、成熟期和衰退期。国际直接投资的产生是产品生命周期四个阶段更迭的必然结果。假定世界上存在着三类国家：一是新产品的发明国，通常称为发达国家；二是较发达国家；三是发展中国家。该理论认为新产品随其产品生命周期的四个阶段在上述三类国家之间转移。从产业升级的角度看，衰退期的产业多是资源消耗型和污染密集型产业，已失去技术优势，因而存在向外转移的冲动，而技术密集型的高新技术产业往往具有污染少、能耗低的特点。

上述理论虽然不局限于衰退产业的转移,但事实上的产业转移对东道国的负面影响是显著的。因为发达国家往往将能源密集型和污染密集型的产业转移给发展中国家。例如20世纪70年代伴随发达国家环保运动的兴盛和产业升级的浪潮,发达国家将一批高排放产业转移到发展中国家。美国在工业化期间将40%以上的高污染产业转移到国外,而日本的数据达到60%。特别是发展中国家在承接产业转移的过程中,对发达国家的这些污染密集型和资源消耗型的边际产业没有投资限制。使跨国公司在发达国家受限的高能耗、高排放的衰退产业大量转移到发展中国家。

外资流入往往促进了东道国经济结构的重污染化。原因在于:首先,外资流入中国主要集中在第二产业,而高排放产业基本上属于工业。其次,在发展中国家经济发展的低级阶段,吸引外资的产业往往集中在高能耗、高排放的产业上,当发展中东道国的发展阶段进入到了较高水平时,才逐渐关注外资对环境的影响,才开始提高外资准入的门槛。最后,从发展中国家的实际情况看,老百姓对提高收入的渴望远远高于对环境的要求,FDI虽然带来污染,但能够解决就业、缴纳税收,带动相关产业甚至地方经济的发展。因此,鉴于我国处于工业化和城市化的阶段,本章从理论上假定,FDI的结构效应增加我国的碳排放,我国FDI经济结构重污染和重碳排放的趋势不断减弱。本书在FDI影响我国碳排放的结构效应和技术效应这一章中,将对这一理论假定进行实证检验。

三 FDI影响碳排放的技术效应

FDI对环境质量影响的技术效应(Technique Effect)是指FDI带来的广义的技术进步或直接的环保技术的改善,会使同样产出下的污染排放减少。外商直接投资导致技术进步、扩散和转让的速度加快。跨国公司拥有雄厚的资金、先进的生产技术以及高级管理人才,跨国公司在东道国投资污染密集产业的同时,也会带来清洁的生产工艺、先进的治污设备及技术。由FDI引致的技术扩散还会促进本土企业的技术进步,外资通过示范模仿、竞争、人员流动和产业链前后向关联,对东道国企业产生技术外溢,从而提高资源的使用效率，更新治污设备和治污技术，降低东道国的环境污染水平。

内生增长理论认为，技术进步节约和循环利用了自然资源，提高了自然资源的利用效率，导致在既定产出水平下资源消耗减少，从而减少了污染和碳排放，即技术进步的环境影响是正面的。

Selden-Song 等认为技术进步提高了能源和资源的利用效率，在相同的产出下，资源的损耗和产生的污染都少了。在高科技水平下，一方面采用清洁生产工艺减少了环境破坏和资源消耗，另一方面可以解决历史积累的环境问题，环境质量会逐渐好转。Amdreoni 和 Levinson 对技术效应的分析也指出，技术可导致污染不再增加并随着收入的增加而减少。这是因为随着收入的提高，人们对洁净环境的偏好增加，对"洁净环境"这种特殊产品的需求增加，人们愿意支付更多的资金购买以对环境负责的方式生产的产品。在不存在"政治失灵"的情况下，随着收入的提高，各国将实施更加严格的环境标准与法规，使生产单位产品对环境的污染下降，促使环境改善。从技术溢出角度分析 FDI 对环境的技术影响，这种技术影响包括三个方面：一是投入－产出效率的提高；二是清洁的采用；三是环保技术的直接溢出。国际投资自由化提高了经济效率，从既定的投入产生更多的产出这个意义上讲，这一作用对资源利用和环境来说是积极的，同时 FDI 使清洁技术快速传入各国并为之所用，促进各国的环境改善。

Gentry B. S.（2000）认为 FDI 促进了发展中国家可持续的环境管理，许多跨国公司非常关注自己的声誉，因此会采取环境友好型的技术进行清洁生产，FDI 的长期性以及投资者和东道国利益的潜在一致性，使 FDI 有更多机会给东道国带来环境上的利益。另外，环保产业的 FDI 将会对东道国的环境保护产生直接的促进作用。1995 年，世界环保设备和服务的销售额就达到 2000 亿美元，其中 90% 来自于经合组织国家。这一行业 2000 年的全球销售额为 3000 亿美元。跨国公司在环保产业的直接投资将增加东道国环保产品和服务的存量并促进其应用。

但技术效应给环境带来的影响也并非都是正面的。从技术的性质来看，有些技术的进步本身就会对环境造成潜在的威胁，如以声呐技术和全球定位系统作为基础的高级捕鱼设备，它的应用虽然能暂时提高东道国捕鱼业的产量，却对世界鱼类资源造成了更大危害，从长期来说也不利于渔业的发展。

Esty 和 Gentry（1997）曾提到一些企业将发达国家过时的往往是达不到环保要求的生产设备拆卸之后，运往环境标准较低的发展中国家进行所谓的技术倾销（technology dumping）。

美国哈佛大学波特教授经过近 20 年的研究，提出了著名的竞争优势理论。其核心观点是：企业在严格的环境规制的压力下，被迫进行技术创新，即生产清洁产品的创新。生产清洁产品的创新既包括生产过程的创新，也包括技术环节的创新活动。创新活动能够减少能耗，降低排放，从而减少企业的环境成本，有利于增强企业的竞争力。无论以怎样的目的实施创新活动，最终结果都是有利于少投入、少排放、少能耗，这也体现了技术进步的正效应。"波特假说"认为环境规制将激励企业进行技术创新，鼓励企业采用更富效率的技术和设备等提高企业效率，从而减少成本和提高产出。因此，环境管制不仅减少了污染排放，也通过创新创造了质量改进型的产品，形成了产品补偿效应。环境规制的加强也降低了能耗，提高了能源的利用效率。

发达国家进入后工业时代，国民环保意识较强，政府的环保标准不断提高，环保制度日益严格。在这样一种环保压力日趋增强的大背景下，发达国家的跨国公司加大了对清洁技术的研发投入，提高了清洁技术的研发水平，这使得发达国家的环保产业迅速发展壮大，环保技术位于国际领先水平。因此，发达国家全民环保意识较高，环保技术体系先进，环境管理体系完善。从这个角度出发，发达国家的对外直接投资，经常是以其先进技术投资于发展中东道国，从而对发展中东道国的当地企业产生技术溢出效应，提高了东道国本地企业的技术水平。这种技术溢出一方面通过学习效应提高了当地企业的技术水平，另一方面也促进了清洁生产。由于发达国家的技术先进性较高，FDI 普遍建立了清洁生产机制和全面环境质量管理体系，并且一部分跨国公司在东道国能够做到执行严格的环境标准，树立起环保的示范效应。这样的 FDI 显然能够保护东道国的环境，发挥 FDI 影响环境的正效应。

我们说，技术进步有利于产业结构向高科技和低排放方向发展。环境技术越落后，碳排放越多；环境技术越先进，碳排放越少。环境技术与碳排放呈反比。FDI 的企业掌握了先进的清洁技术，因而污染少、碳排放少，因此，本书假定，FDI 的技术效应是积极的。FDI 的积极技术效应主要是由三方面因素共同作用的结果：首先是资金支持。缺乏资金是引进环境友好型技术的最大障碍之一。因而吸引 FDI 能够为设备更新和研发活动提供更多的机会。其次是新技术的引进。FDI 的技术比内资企业更先进也更清洁，相对于内资企业，跨国公司的技术优势是它们最具竞争力的优势。从长期来看，FDI 的技术转移程度取决于东道国本土企业的学习能力。东道国从吸引 FDI 中获取的利益主要由东道国消化吸收国外技术的能力及开发新技术的能力决定。再次是技术溢出。除了技术转移，FDI 也会通过示范效应、联系效应和竞争效应给我国内资企业带来正面的技术溢出效应。FDI 的竞争效应有利于国内企业创新能力的成长，会通过示范效应和科技人员的流动等促进国内企业的研发活动。FDI 在产品市场与要素市场上与内资企业的竞争减少了内资企业的利润，一些内资企业破产。但 FDI 对上游产业产生的联系效应减少了成本，提高了内资企业的利润。最终，FDI 推进了本地工业部门的建立，这些工业部门迅速繁荣起来。因此，FDI 的技术效应减缓了二氧化碳排放。对这一理论假定，本书将在后面的实证章节进行检验。

第三章 碳减排约束下的经济增长分析

Romer、Lucas、Stokey 等人将资源环境等约束条件引入内生增长模型，将可持续发展问题的研究又向前推进了一步。Marian Leimbach 和 Ference Toth 采用扩展的拉姆奇最优增长模型解释了减少碳排放将增加成本的内在原因，并提出提高能源利用效率的解决方案。下面本章参考 Stokey，Aghion 和 Howitt 内生增长的分析思路，将碳排放等资源约束条件内生化，系统分析碳排放影响经济增长的内在机制。

第一节 经济增长与碳排放的相互关系

改革开放以来，中国成为世界上经济增长最快的国家，但同时也为此支付了高昂的代价，粗放型发展方式使得发达国家上百年工业化过程中阶段性显现的环境问题在我国近年来集中出现。因此，转变经济发展方式，使经济转向又好又快发展已成为我国经济实现全面可持续发展的当务之急。就"好"的内涵而言，就是要尽量减少经济活动对环境产生的不利影响。

自 Grossman 和 Krueger（1991）首次指出环境质量和人均收入之间存在倒 U 形关系以来，关于环境库兹涅茨曲线假说（EKC）的理论和实证研究成为学术界研究的热点问题。按照这一假说，如果没有一定的政策干预，一个国家的整体环境质量或污染水平在经济发展的初期随着国民收入的增加而恶化；当该国经济发展到一个较高的水平后，环境质量或污染水平会随着国民收入的继续增加而逐渐改善。一直以来，二氧化碳都仅仅被作为燃烧过程的副产品。但是，随着近年来人们对气候问题的关注，特别是《联合国气候变化框架公约》的签署,《京都议定书》的生效,二氧化碳排放问题已经成为全球关注的热点。人们开始思考在经济发展过程中二氧化碳的排放是否有一定的规律。环境库兹涅茨曲线假说理论也成为研究经济发展与碳排放之间关系的重要理论依据之一。

沿着 EKC 理论,大量的研究对经济发展与碳排放之间的关系进行了探讨。但是,从目前的研究结果来看,二氧化碳排放量和经济发展之间是否存在 EKC 曲线,还没有得到一致认可。不过一些研究结果仍然支持经济发展与碳排放之间的倒 U 形曲线关系。如 Holtz-Eakin 和 Selden(1995),Panayotou 和 Sachs 等(1999),Galeotti(2006),宋涛(2007)等研究发现,人均二氧化碳排放与人均收入之间的关系呈倒 U 形。然而,由于研究对象的差异性,他们得到的拐点也存在着一定的差异。如 Galeotti 和 Lanza(1999)得出的是 13260 美元,Cole(1997)认为在 25100 美元附近,而 Holtz-Eakin 和 Selden(1995)计算认为应该在 35428~80000 美元。还有研究认为拐点更高,有可能远远高于现实经济发展水平的 Kuznets 曲线,即经济发展达到转折点时,人类排放的温室气体已远远超过了生态系统所能承受的水平(Birdsall,1992;Shafik,1992;蔡昉,2008)。诸多研究结果表明,二者之间除了存在倒 U 形关系,还存在着线性关系(Shafik 等,1994;Martin Wagner,2008)或者 N 形关系(Moomaw 和 Unruh,1997;Friedl 和 Getzner,2003;Martinez Zarzoso 等,2004;杜婷婷等,2007),抑或二者之间根本没有什么关系(Lantz 和 Feng,2006)。对于造成这种分歧的原因,研究者认为要么是由于研究对象的差异(韩玉军、陆旸,2007),要么是违背了 EKC 的研究对象适用于一个国家的隐含假设(Bruyn 等,1998;Stern,2004;Dijkgraaf 和 Vollebergh,2005)。当然,也有使用其他方法对二者关系进行探讨的。如 Sue J. Lin 等利用灰色关联分析法对台湾 37 个部门的二氧化碳排放与经济水平、能源消费间的关系进行了分析,认为台湾经济的快速增长是二氧化碳排放增加的主要原因。

由前面的文献综述,经济增长与碳排放的关系是不容乐观的。经济活动的扩张,带来资源消耗与能源消耗的增加,加快了二氧化碳的排放速度。经济增长过程中工业化的推进、城市化进程的加速都增加了 CO_2 排放。

CO_2 是最主要的温室气体,工业革命是人为导致 CO_2 排放增加和气候变暖的开端。工业革命之前，CO_2 的浓度是290PPM，现在的浓度大约是390PPM，增加了40%，这导致全球平均温度升高了0.7℃~0.8℃。进入20世纪，随着石油开采和加工工艺的进步，汽车、飞机等现代交通工具纷纷使用汽油作为动力燃料，并在西方国家迅速普及。自从1875年实现火力发电以来，大规模使用电成为可能，人类又进入了电气时代。所有这些科技进步，都以燃烧化石能源、释放 CO_2 为基础。至今，人类每年排放的 CO_2 当量约为315亿吨，速度是工业革命前的6倍。

在我国，发展工业也被几代人看作民族振兴的希望。新中国成立后，我国进入了高耗能的时代。在改革开放之前，以农业为基础，以工业为主导，优先发展重工业是我国的发展模式，使得我国的能源强度持续上升。1978年12月之后，面对能源供应的瓶颈和国家着力发展轻工业的决心，国家提出能源强度下降一半的目标。进入20世纪80年代后，中国碳排放相对能源消耗总量已出现放缓的势头，只有GDP持续增长。这一变化的背后是国家能源战略的调整和能源技术的改进。

转变经济增长方式，突破碳排放约束，是经济可持续发展的关键问题，也是建立资源节约型和环境友好型社会的根本途径。我国在历经30年的高速增长之后，资源和环境问题日益尖锐，这和过去片面追求GDP不无关系。由于我们在发展中很少考虑资源环境承载能力，无节制滥用资源，破坏环境，这就使得发展的不可持续问题日益浮出水面。贯彻落实科学发展观，就必须改变以往单纯靠粗放式发展促进经济增长的发展理念，而是要大力发展"循环经济""低碳经济"，加快环境技术综合效率及全要素生产率的提升，使经济的发展与资源环境相协调，形成合理的产业结构和产业布局，真正实现经济的全面、协调和可持续发展。长期以来，人们只注重从经济效益的角度去考虑产业发展和布局，而忽视经济、社会和环境间的系统性联系，结果必然造成三大系统的运行失调，经济与资源环境的冲突日趋严重。如何解决资源和环境面临的问题，国家"十一五"规划纲要提出要"建设低投入、高产出、低消耗、少排放，能循环、可持续的国民经济体系和资源节约型、环境友好型社会"。

中国作为世界制造业大国和"世界工厂"，一方面，我国的工业发展是建立在"高投入、高消耗、高排放、低效益"的粗放型增长方式之上的，随着人口结构老龄化、全球资源品价格高涨、能源供应的紧张以及生态环境的恶化，这种依靠要素扩张来维持经济高速增长是不可持续的。另一方面，我国产业发展长期处于国际产业分工中的产业链低端位置，缺乏核心竞争力，并且随着世界发达国家对环境标准的提高，还可能会面临国际产业污染转移的风险。因此加大自主创新，大力发展环境友好型和资源节约型的生产技术，是增强我国产业国际竞争力的内在要求和必然归宿。在科学发展观、新型工业化及"两型社会"建设的背景下，工业的发展离不开对经济、社会、环境的系统性考虑。

第二节 碳排放约束条件下的内生增长模型

在研究前人成果的基础上，本节借鉴 Stokey、Aghion 和 Howitt 的研究，用内生增长理论分析可持续发展问题的思路，将碳减排约束条件以及碳减排成本弹性系数引入生产函数，在内生经济增长理论框架下，将碳减排约束条件内生化，系统分析了碳减排影响长期经济增长的内在机制，以及不同发展时期实现碳减排与经济增长双重目标的条件。

一 模型的假设

①经济系统包括两个部门：研发部门和最终产品部门。
②不存在人口增长，劳动者既是生产者又是消费者。劳动力要么从事最终产品的生产，要么从事研发活动。
③规模报酬不变。

二 包含能源投入的生产函数

由于能源作为生产中不可缺少的要素，与其他要素一样具有不可替代性，在借鉴前人研究成果的基础上，本书假设生产取决于生产技术、资本、劳动力以及能源投入，存在柯布－道格拉斯形式的生产函数：

$$Y_t = A\left[T_t(1-n_t)\right]^\alpha K_t^\beta E_t^\lambda \quad (3-1)$$
$$\alpha + \beta + \lambda = 1$$

在式（3-1）中，A 表示外生变量，T_t 表示劳动生产率，n_t 表示研发人员与总劳动力之比，$(1-n_t)$ 表示生产最终产品的劳动与总劳动之比，E_t 表示能源投入，K_t 表示资本存量。指数 α、β、λ 分别表示技术、资本及能源投入对产出的贡献程度。

为了建立能源投入与碳排放的关系，本书借鉴对数平均迪氏指数法（LMDI）对碳排放强度进行分解。碳排放强度可以分解为能源强度、能源消费结构、不同能源的碳排放系数，即：

$$G = \frac{C}{\text{GDP}} = \frac{C}{E} \times \frac{E}{\text{GDP}} = I \times \frac{C}{E} = I \times \sum_{i=1}^{n} \frac{E_i}{E} \times \frac{C_i}{E_i}$$
$$= I \times \sum_{i=1}^{n} S_i F_i \quad (3-2)$$

在式（3-2）中，G 是单位 GDP 的碳排放量，即碳排放强度；C 是 CO_2 排放量，I 是能源强度，E_i 是第 i 种能源消耗量，C_i 是第 i 种能源消费产生的碳排放，S_i 是 i 类能源在总能源中所占的比重，F_i 是 i 类能源的碳排放系数。本书认为碳排放全部来自化石燃料，设 ρ 为化石能源占能源消费的比例，θ_j 为化石类能源中第 j 种化石能源所占的比重，有：

$$G = I \times \rho \times \sum_{j=1}^{m} \theta_j F_j \quad (\sum_{j=1}^{m} \theta_j = 1, m < n) \quad (3-3)$$

假定设 $\sum_{j=1}^{m} \theta_j F_i = w$，其含义在于化石能源的一个均值碳排放系数，得到 $G = I \times \rho \times w$。化石能源的投入由于资源禀赋的原因，每一种化石能源在总的化石能源投入中的比重保持不变，w 始终为一常数，又由 $G \times \text{GDP} = C$，$I \times \text{GDP} = E$，可得到 $E = G \times \text{GDP}/w \times \rho$，又因为 $Y = \text{GDP}$，所以式（3-1）可变形为：

$$Y_t = A \left[T_t (1-n_t) \right]^{\frac{\alpha}{1-\lambda}} K_t^{\frac{\beta}{1-\lambda}} \left[\frac{G}{w\rho} \right]_t^{\frac{\lambda}{1-\lambda}} \quad (3-4)$$
$$\alpha + \beta + \lambda = 1$$

在碳减排能源约束条件下，虽然提高能源效率可以弥补因降低碳排放量要求减少的化石类能源投入，但碳减排仍会导致产出成本的增加。借鉴斯托克分析污染与经济持续增长时采用的方法，假定碳排放以 φ_t 的速率减少排放，令 $z_t = 1 - \varphi_t$，将 z_t 引入生产函数来表示由碳减排引起的产出成本的增加，其中 φ 为碳减排成本弹性系数。有关文献研究表明，低碳经济的发展主要取决于低碳基础设施的完备程度以及低碳技术的应用程度。因此,低碳基础设施的完备程度以及低碳技术的应用程度决定 φ 值的大小,低碳基础设施建设完备程度以及低碳技术的应用程度越高,φ 值越小,反之越大。综上所述,代表性个体单位劳动力的生产函数变为:

$$Y_t = z_t^\varphi A \left[T_t (1 - n_t) \right]^{\frac{\alpha}{1-\lambda}} K_1^{\frac{\beta}{1-\lambda}} \left[\frac{G}{w\rho} \right]_t^{\frac{\lambda}{1-\lambda}} \quad (3-5)$$
$$\alpha + \beta + \lambda = 1, \quad \varphi > \lambda/(1-\lambda) > 0$$

三 资本积累运动方程

用 K 表示资本,用 C 表示消费。不考虑折旧和人口增长,假定产出都用于消费和资本积累,资本积累方程表示为:

$$\dot{K}_t = Y_t - C_t \quad (3-6)$$

四 技术进步运动方程

假定研发活动对技术进步的贡献率为 π,那么技术积累运动方程为:

$$\dot{T}_t = \pi n_t D_t \quad (3-7)$$

五 能源投入运动方程

降低碳排放量就是减少化石类能源的投入,以 φ_t 的速率减少碳排放则要求碳排放量减少 $\varphi_t G_t Y_t$ 单位,引起的化石能源投入的减少量为 $\varphi_t G_t Y_t / w$ 单位;假设 u 为能源消费中非化石类能源的增长率,为研究方便并假定 u 为一常量,其大小决定了能源结构的变化,则碳减排引起的能源投入约束为:

$$\dot{E} = u \times (1-\rho) E_t - (1-z_t) \frac{G_t Y_t}{w} \quad (3-8)$$

六 二氧化碳增量运动方程

设 S_t 为累积的二氧化碳排放量,d 为碳汇吸收率,则二氧化碳增量运动方程为:

$$\dot{S} = G_t Y_t - dS_t \qquad (3-9)$$

七 社会福利效用函数

人们已经逐渐认识到减少温室气体排放的重要性，对碳排放净增量的警惕意识越来越强，这种警惕意识已经开始影响人们的消费方式和生活方式。根据罗莫代表个体跨时期效用最大化的拉姆奇模型，本书采用具有代表性的人均可加等弹性效用函数形式，在考虑消费的情况下，将代表性劳动者对气候变化的警惕意识用大气中累积碳排放存量表示，引入效用函数，即：

$$U_t[C_t] = \frac{C_t^{1-\sigma} - 1}{1-\sigma} - \frac{s^{1+\eta} + 1}{1+\eta} \qquad (3-10)$$

在式（3-10）中，$\sigma > 0$，是跨期替代弹性的倒数，代表风险厌恶系数；$\rho > 0$，指时间贴现率，表示消费者对当前消费的偏好程度；$\eta > 0$，指低碳生活的参与程度参数，表示防止气候变化的偏好。

第三节 减少碳排放约束条件下的经济增长分析

一 减少碳排放约束条件下的内生增长模型

设 C, n, z, G 为控制变量，K, T, E, S 为状态变量，得到以下汉米尔顿函数为：

$$H = \frac{C_t^{1-\sigma} - 1}{1-\sigma} - \frac{s^{1+\eta} + 1}{1+\eta} + \varepsilon_1 \left\{ z^\psi A \left[T(1-n) \right]^{\frac{\alpha}{1-\lambda}} K^{\frac{\beta}{1-\lambda}} \left(\frac{G}{w^\mu} \right)^{\frac{\lambda}{1-\lambda}} - c \right\} + \varepsilon_{2n} \pi T +$$

$$\varepsilon_3 \left\{ (1-\mu) uE - (1-z) \frac{G}{W} z^\psi A \left[T(1-n) \right]^{\frac{\alpha}{1-\lambda}} K^{\frac{\beta}{1-\lambda}} \left(\frac{G}{w^\mu} \right)^{\frac{\lambda}{1-\lambda}} \right\} +$$

$$\varepsilon_4 \left\{ G z^\psi A \left[T(1-n) \right]^{\frac{\alpha}{1-\lambda}} K^{\frac{\beta}{1-\lambda}} \left(\frac{G}{w^\mu} \right)^{\frac{\lambda}{1-\lambda}} - \alpha S \right\} \qquad (3-11)$$

C, n, z, G 的一阶导数为：

$$\varepsilon_1 = C^{-\sigma} \qquad (3-12)$$

$$\varepsilon_2 \pi = \left[\varepsilon_1 - \varepsilon_3(1-z)\frac{G}{W} + \varepsilon_4 G\right] z^\psi A^{\frac{\alpha}{1-\lambda}} T\left[(1-n)\right]^{\frac{\alpha}{1-\lambda}}$$
$$K^{\frac{\beta}{1-\lambda}} \left(\frac{G}{w^\mu}\right)^{\frac{\lambda}{1-\lambda}} \tag{3-13}$$

$$\varepsilon_3\left[(1-z)\varphi - z\right]\frac{G}{W} = \varepsilon_1 \varphi + e_4 G\varphi \tag{3-14}$$

假定在稳态增长的条件下，各变量的增长率为常数。设变量 x 的增长率为 g_x，则有：

$$g_{\lambda 1} = -\sigma_{gc}, g_{\lambda 2} = \rho - \pi, g_{\lambda 3} = \rho - u(1-\eta), g_{\lambda 4} = \eta g_s \tag{3-15}$$

$$g_D = \pi n, g_c = g_K = g_Y, g_S = g_K + g_C \tag{3-16}$$

$$\varphi g z + \frac{1}{1-\lambda} g_D + \left(\frac{\beta}{1-\lambda} - 1\right) g_K + \frac{\lambda}{1-\lambda} g_G = 0 \tag{3-17}$$

$$\varphi g_z + \left(\frac{1}{1-\lambda} - 1\right) g_D + \frac{\beta}{1-\lambda} g_K + \frac{\lambda}{1-\lambda} g_G + g_{\varepsilon 1} - g_{\varepsilon 2} = 0 \tag{3-18}$$

$$g_z + g_G + g_{\varepsilon 3} - g_{\varepsilon 1} = 0 \tag{3-19}$$

$$g_{\varepsilon 4} = g_{\varepsilon 1} - g_G - \frac{\varphi}{\varphi - \left(\varphi - \frac{\lambda}{1-\lambda}\right) z} g_z \tag{3-20}$$

由式（3-15）至式（3-20）可得：

$$g_y = \left\{\frac{\alpha}{1-\lambda}\pi n - \varphi\left[\rho - u(1-\eta)\right] - \left(\varphi - \frac{\lambda}{1-\lambda}\right) g_G\right\}\left(\frac{\alpha}{1-\lambda} + \varphi\sigma\right)^{-1} \tag{3-21}$$

$$g_k = \left\{\frac{\alpha}{1-\lambda}\pi_n - \frac{\lambda}{1-\lambda}\left[\rho - u(1-\mu)\right]\right.$$
$$\left. - \frac{\varphi}{1-\varphi}\left[\Psi - \frac{\lambda}{1-\lambda}\right] g_\varphi\right\}\left[\frac{\alpha + \lambda\sigma}{1-\lambda}\right]^{-1} \tag{3-22}$$

$$g_s = \frac{1}{\eta}\left\{\rho - u(1-u) - \frac{\varphi\left[\Psi - \frac{\lambda}{1-\lambda}\right]}{\varphi\left[\Psi - \frac{\lambda}{1-\lambda}\right] + \frac{\lambda}{1-\lambda}} g_\varphi\right\} \tag{3-23}$$

二 模型结果分析

为了实现经济增长（$g_Y > 0$），由式（3-21）～式（3-23）可知 g_φ、

g_c 需要满足下列条件：

$$g_c < g_c^* = \frac{\alpha}{1-\lambda}\pi n - \varphi[\rho - u(1-\eta)] - \left(\varphi - \frac{\lambda}{1-\lambda}\right)^{-1} \quad (3-24)$$

$$g_\varphi < g_\varphi^* = \left(\frac{1}{\varphi} - 1\right)\left\{\frac{\alpha}{1-\lambda}\pi n - \frac{\lambda}{1-\lambda}[\rho - u(1-u)]\right\} \left[\psi - \frac{\lambda}{1-\lambda}\right]^{-1} \quad (3-25)$$

根据式（3-24）、式（3-25），为了实现减少碳排放约束条件下的经济增长，分以下三种情况进行讨论：

①如果 $\frac{\alpha}{1-\lambda}\pi n - \frac{\lambda}{1-\lambda}[\rho - u(1-\mu)] < 0$，则 $\frac{\alpha}{1-\lambda}\pi n - \varphi[\rho - u(1-\eta)] < 0$。因此 $g_c < 0$，$g_\varphi < 0$。当经济增长处于初级阶段，即人们的环保意识欠缺，低碳观念淡薄，低碳技术和低碳设施欠缺的阶段，此时为了实现经济增长率大于零，在降低碳排放强度的同时，减少碳排放的速率也要降低。

②如果 $\frac{\alpha}{1-\lambda}\pi n - \frac{\lambda}{1-\lambda}[\rho - u(1-\mu)] > 0$，则 $\frac{\alpha}{1-\lambda}\pi n - \varphi[\rho - u(1-\eta)] < 0$，即 $g_c > 0$，g_φ 也可为正。经济处于低碳设施和低碳技术欠缺，但人们环保观念加强的阶段，当式（3-24）条件成立时，在实现正的经济增长率的同时可以提高碳减排的速率。

③如果 $\frac{\alpha}{1-\lambda}\pi n - \frac{\lambda}{1-\lambda}[\rho - u(1-\mu)] > 0$，则 $\frac{\alpha}{1-\lambda}\pi n - \varphi[\rho - u(1-\eta)] > 0$，即 $g_c > 0$，$g_\varphi > 0$。在这一阶段技术创新和清洁能源的增长在经济中的作用日益明显，人们的环保意识较强，可以通过降低增长率来换取碳减排速率的提高。

本节将碳减排约束加入内生经济增长模型，系统分析了实现经济增长和控制碳排放双重目标的条件，以及碳减排影响经济增长的内在机制，主要结论如下：

第一，在面对经济增长与碳减排之间的协调关系时，需要综合分析非化石类能源的增长、碳排放强度、技术积累、低碳技术应用推广的程度、低碳基础设施的状况以及人们的环保意识等因素,制订合理的碳减排计划。

第二,在低碳基础设施不完备、低碳技术应用不广的阶段,加速碳减排将给经济带来较大的负效应。因此,在这一阶段,应主要着眼于降低能源强度,碳减排速率不宜过高。

第三,为了实现正的经济增长的同时控制碳排放增加的速率,最终将依赖技术进步以及清洁能源和可再生能源的增长。与此同时,加强全球气候变化和碳减排的宣传工作,提高人们应对气候变化的意识,提倡低碳的生活方式和消费方式。

第四节 碳排放约束下中国经济增长的战略选择

一 工业低碳化

我国低碳工业化道路的实质是要通过低碳式的发展,跨过传统工业化道路的固有阶段,穿过碳排放的"高峰",实现跨越式发展。中国是工业化的后来者,既有机会避免其他国家的错误,又有机会创新本国的发展模式。

首先,后进国家可以实现跨越式发展。中国作为发展中国家,实现工业化从高碳向低碳的转型,可以通过有效的政策措施,吸收、引进和模仿发达国家成熟的低碳生产技术,从更高的起点切入,以更小的资源环境代价获得更好更快的发展。后发优势理论和"追赶假说"以 19 世纪的德国、意大利、美国等对工业革命的先行者英国的赶超,以及 20 世纪的日本对老牌发达国家的赶超为"故事"原型,都强调落后国家与先进国家之间存在技术差距,后进国家直接采用当时最先进的技术,而不用承受先进国家逐步发展这种技术的代价,因此落后国家的工业化能够实现"突变"或"井喷"式发展,以更小的成本和更高的时效达到发达国家的发展水平。

其次,技术差距使得中国低碳工业化有后发优势。从目前的情况看,中国与发达国家在低碳技术领域的差距是相当明显的,低碳技术的模仿和创新仍有较大的潜力。以体现低碳技术效率的两大指标——能源强度和碳排放强度为例,我国能源强度与英国、德国、日本、法国等发达国家相比要高得多,同时单位 GDP 的碳排放也要高于发达国家的平均水平。

中国的低碳工业化是要通过低碳经济技术、产业、能源、贸易和投资政策的制定和执行，推动制度和技术创新，引导土地、资本、人口（人力资本）等生产要素向低碳技术研发和扩散领域集聚，向低碳产业集聚，向低碳能源生产和转换领域集聚，向低碳城市和地区集聚，并进一步参与到新的国际分工之中，适应外部发展环境的变化，实现资源环境约束下可持续的经济增长。

我国的低碳经济政策工具创新，在于充分利用"看得见的手"和"看不见的手"两种机制，发挥"胡萝卜＋大棒"两种作用力，在存量调整过程中主要靠"看得见的手"，对增量调整应更多地依赖"看不见的手"，通过政策工具的"设计－执行－反馈－修正－完善"的试错过程，逐步将低碳经济潜在的、无形的压力显性化、具体化、标准化，减少企业发展低碳经济的成本和风险，提高其发展低碳经济的收益，促进全社会低碳经济目标的实现。

二 能源低碳化

低碳能源是低碳经济的基本保证。发展低碳经济实质上是对现代经济运行与发展进行一场深刻的能源经济革命。数据显示，2011年我国能源消费结构中煤炭比重为68.4%，石油比重为18.6%，天然气、水电、核电、太阳能等所占比重为13%。与其他能源相比，煤炭属于"高碳"能源。就目前我国发展现实来看，以煤炭为主的能源结构在未来相当长的时期内难以改变，所以能源的低碳化非常重要。首先我国可以通过提高能源技术水平，广泛推广洁净煤等先进能源技术，减少污染物的排放。中国鼓励发展煤炭洗选、加工转化、先进燃烧、烟气净化技术。我国政府应鼓励企业积极提高能源的利用效率，加快研发煤炭制取氢气技术、氢气储存与运输技术，实现煤的清洁高效利用。目前，中国政府制定了提高能源效率的目标：到2010年，单位国内生产总值能源消耗比2005年末降低20%。

与此同时，要大力发展包括可再生能源在内的清洁能源，逐步改变能源结构过分依赖煤炭的局面。可再生能源包括水能、生物质能、风能、太阳能、地热能和海洋能等，可再生资源潜力大，环境污染低，可永续利用，是有利于人与自然和谐发展的重要能源。日本在可再生能源发展道路上走得异常坚定，欧盟则更加积极，德国推出相关可再生能源并网发电方案时，其可再生能源获得了很大的发展。美国的可再生能源行业在20世纪90年代复兴，并随着石油价格的上升迅猛发展。英国宣称要将英国打造成最低碳的国家。中国也在大力推进可再生能源的发展，决定在新一轮的全球能源革命中占得先机。2005年，中国通过了可再生能源法，在中国迅速掀起了一个可再生能源发展热潮，无论在市场还是在制造业竞争力上，中国已经成为可再生能源的全球领袖。太阳能的发展在中国风生水起，中国是风电开发的后来者，然而新增风电装机已跃居世界顶尖位置。此外，全世界生物质发电总装机容量也正大幅增长。如巴西和美国大幅提高生物燃料乙醇年产量；德国和法国开发生产生物柴油，目前已经达到约1000万吨的年产量。并且美国、德国、加拿大等一些国家已经开始利用非粮食作物的木质纤维素类物质代替原来的粮食类作物原料发电。

能效改进虽然不是一种直接的可再生能源，但却同样能达到节能减排的效果。美国和欧洲在能效改进方面实际上已经取得了很多实质性成果，有着良好组织结构的企业往往有着较高的能效。节能减排已上升为我国的国家战略，我国政府正在推广旨在缓和能源需求增长和减少污染的政策，提高能效已经被提上了我国政府日程。

改善能源结构是我国未来的低碳之路。目前，我国能源中包括水电、风电在内的可再生能源比重约占7%。根据能源中长期规划，到2020年这一比重将增加到15%。充分利用水能、风能、太阳能、潮汐能、核能等清洁、可再生能源、生物质能，逐步提高新能源在能源结构中的比例。保持我国经济的可持续增长就必须要改善能源的质量，比如调整能源结构，提高低碳和无碳能源在能源结构中的比重，开发新能源品种，大力发展可再生能源等。当然新能源和可再生能源的发展也依赖能源技术的创新和政府的R&D投入。

三 生活低碳化

城镇建筑、交通是能源消耗和碳排放的重要领域。需要改变城市居民的生活方式，从交通、建筑和消费上实现减少能源消费和碳排放的目标。城市交通工具是温室气体的主要排放者，因此需要实现城市交通的低碳发展。在城市大力提倡步行和使用自行车，鼓励发展公共交通系统和快速轨道交通系统，实现以轨道交通为骨干，以常规公交为主体，多种交通方式无缝对接、协调发展的综合交通结构；重点建设城市智能交通系统，包括公交行业无线视频监控平台、智能公交站台、电子票务、车管专家和公交手机一卡通等多种业务；倡导氢气动力车、混合燃料汽车、电动汽车、太阳能汽车、生物乙醇燃料汽车等低能耗和低排放的交通工具，开发利用交通节能减排新技术，推广新能源汽车。发展低碳建筑，引入低碳建筑设计理念，实际中通盘考虑隔热、太阳能、通风、采光、制热和制冷等因素。

随着以空调为代表的家用电器的增加，现代建筑的能耗也越来越大，于是节能建筑、低碳建筑成为建筑领域中的热词。冬天空调系统的温度被调低，夏天空调的温度则被调高，家庭户主在房子外面加装了防风窗。低碳建筑也已经成为主流，它已经改变了建筑的建造方式，并且正在刺激着建筑研发的开展。

此外，人们日常生活习惯中许多节能细节也能体现降低碳排放的作用。联合国环境规划署2008年6月发布的一份名为《改变生活方式：气候中和联合国指南》的报告指出："消除碳依赖或许比想象的更加容易，人们只需要采用气候友好的生活方式，这既不会对各自的生活方式产生重大的影响，也不需要做出特别大的牺牲。"联合国环境规划署还对个人低碳生活方式提出了一些具体指导意见，如对于洗好的衣服要让其自然晾干，不用洗衣机甩干；沐浴喷头要使用节水型沐浴喷头，不仅节约用水而且热水沐浴3分钟可以减少约50%的二氧化碳排放量；不要使用电子式闹钟，改用传统的发条式闹钟，每天大约可以减少48克的二氧化碳排放量；在休息时应该关闭电脑及显示器，可以减少约1/3的二氧化碳排放量；使用传统牙刷比电动牙刷少48克的二氧化碳排放量；减少在电动跑步机上的锻炼时间，45分钟可以减少将近1千克的二氧化碳排放量。

第四章　FDI、经济增长与我国碳排放的演变趋势

中国由于巨大的经济规模和令世界瞩目的经济增长，吸引了全球 FDI 的流入，成为全球主要的 FDI 流入国。2009 年，中国 FDI 流入量达 950 亿美元，跃升全球第二大国，仅次于美国。而我国也已成为世界第二大二氧化碳排放国，占世界总排放量的 20% 左右。同时，能源消费量和碳排放不断增加，也已成为世界上主要的"影响要素"之一。本章介绍 1978 年以来的 FDI、经济增长和碳排放的演变趋势；以东、中、西部的划分为分析层面，并进一步细分为 30 个省份，介绍不同区域的 FDI 和碳排放的演变趋势，及不同区域的经济增长和碳排放的演变趋势，并定性归纳出若干推测。本章还为后面的章节提供原始数据，方便进行实证研究。大部分数据来源于《中国统计年鉴》《新中国六十年统计资料汇编》《中国能源统计年鉴》。

关于我国东、中、西部区域的划分，本书按照我国经济发展水平和地理上的分布特征，可以将我国划分为三大地区（不包括港、澳、台）。东部地区包括北京、天津、河北、山东、辽宁、上海、江苏、浙江、广东、福建、海南 11 个省、直辖市。东部地区地理位置优越，在改革开放中率先发展，在我国经济总量中占据最重要的地位。中部地区包括河南、湖北、山西、湖南、江西、安徽、吉林、黑龙江 8 省。西部地区包括四川、重庆、云南、贵州、广西、陕西、甘肃、宁夏、青海、新疆、西藏、内蒙古 12 个省、自治区、直辖市。由于现有资料中西藏数据的缺乏，样本中剔除了西藏，包括全国 30 个省、自治区、直辖市。其中东部 11 个、中部 8 个、西部 11 个。中部地区中，由于湖南省能源消费数据的缺乏，故中部地区中不包括湖南的数据。

第一节 不同时期的 FDI、经济增长和我国碳排放的演变趋势

一 不同时期我国吸引 FDI 概况

过去 30 年，FDI 的增长速度让整个世界刮目相看。在 20 世纪 90 年代，FDI 的增长是同期国际贸易增长的 3 倍。自 2004 年起，全球 FDI 流入量经过 4 年的连续增长，2007 年再增 30%，达 18330 亿美元，远远高于 2000 年创下的历史最高水平。[①] 改革开放以来，中国由于其巨大的经济规模和令世界瞩目的经济增长，吸引了全球 FDI 的流入，成为全球主要的 FDI 流入国。中国吸引外资持续增长，见图 4-1。2008 年，在金融危机的背景下，全球 FDI 流入量从 2007 年的历史最高水平下降到 2008 年的 16970 亿美元，下降了 14%。[②] 而中国的 FDI 流入量则持续增长，2011 年中国实际使用外资金额为 1160.11 亿美元，同比增长 9.7%。中国自 1979 年以来，为吸引 FDI 做了大量的工作，比如建立经济特区、沿海开放区，开放珠三角、长三角，修改《公司法》，实行税收减免等。

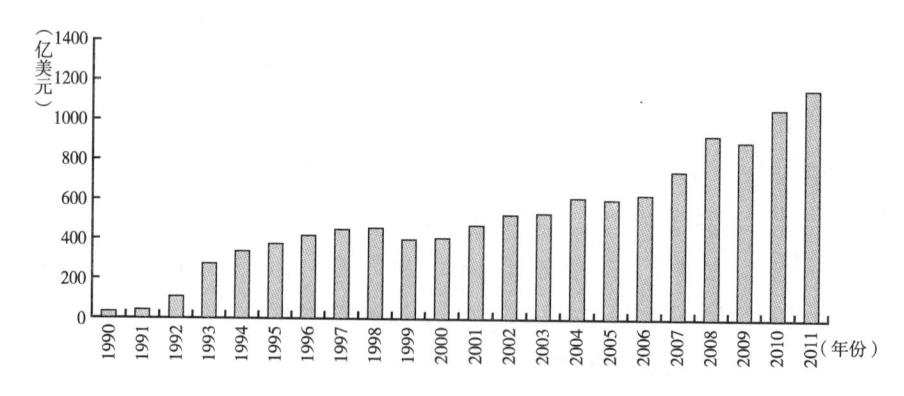

图 4-1 1990~2011 年中国实际使用外资金额

资料来源：根据中国统计出版社《中国贸易外经统计年鉴》数据整理得到。

[①] 资料来源：联合国贸发会议《2008 世界投资报告》。
[②] 资料来源：联合国贸发会议《2009 世界投资报告》。

从我国 FDI 规模的时间路径来看，我国引进外资规模不断增长。我国 FDI 流入量从 1985~1989 年的年均 24.9 亿美元，上升到 2008 年的 1083 亿美元，2009 年中国跃升为全球第二大吸收外资国。① 可以说 FDI 已成为我国经济发展的重要组成部分，也是我国对外贸易的主导力量。

我国引进 FDI 的演进分为三个阶段：1979~1984 年即改革开放初期为第一阶段，该阶段 FDI 金额很小，其间我国引进的投资项目为 3724 个，实际使用 FDI 总计 41.04 亿美元。1985~1991 年为第二阶段，该阶段我国引进 FDI 总量稳步上升。1992 年至今是第三阶段，其间我国实际使用外资额大幅度增长。进入 21 世纪，中国逐渐成为世界上最具吸引力的 FDI 东道国和吸引 FDI 最多的发展中国家。由于我国巨大的经济规模和令世界瞩目的经济增长，以及低劳动力成本等因素，我国将继续成为最具吸引力的东道国。

二 我国经济增长的演进概况

改革开放 30 年，是中国缔造"经济奇迹"的 30 年。1978~2008 年，中国的 GDP 由 1978 年的 3645.2 亿元增长到 2008 年末的 300670 亿元，年均增长 13.7%。而同期发达国家的经济增长率仅为 3% 左右。2010 年，中国超过日本成为第二大经济体。中国、美国、日本、印度经济增长的国际比较见图 4-2。我国 1978~2011 年实际 GDP 增长趋势见图 4-3。

我国经济增长的演进分为三个阶段：1978~1984 年即改革开放初期为第一阶段，该阶段我国经济增长缓慢，1978 年我国实际 GDP 为 3645.2 亿元，1984 年实际 GDP 上升为 4240.1 亿元（1978 年价格），年均增长率仅为 2.55%。1985~1991 年为第二阶段，该阶段我国 GDP 总量稳步上升，年均增长率达 7.17%（1978 年价格）。1992 年至今是第三阶段，其间我国实际 GDP 大幅度增长。进入 21 世纪，中国成为世界上成长最快的国家，年均增长率超过 10%。

---

① 资料来源：联合国贸发会议《1991 世界投资报告》《2009 世界投资报告》。

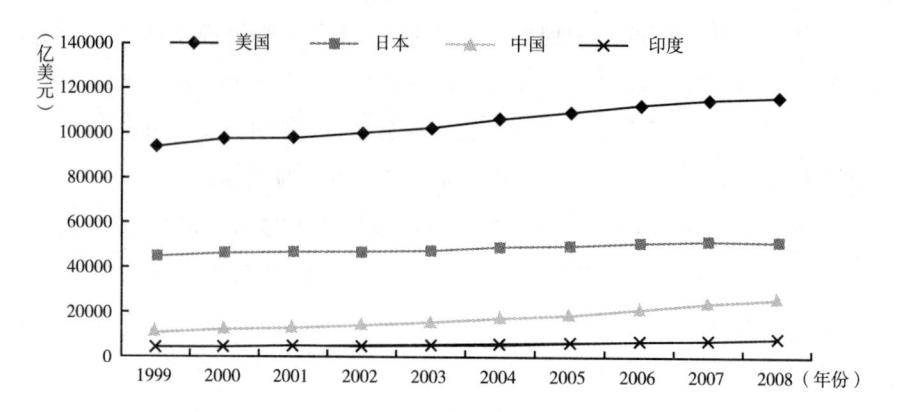

图 4-2　中国、美国、日本、印度的经济增长

资料来源：《世界经济年鉴 2009/2010》。

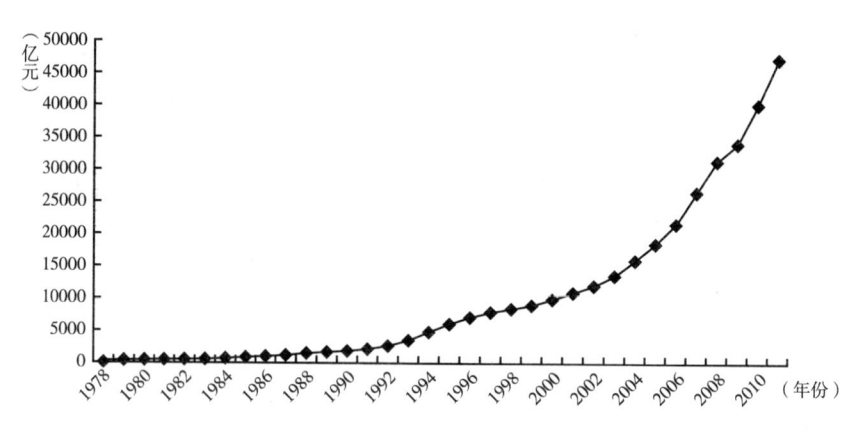

图 4-3　我国名义 GDP 增长趋势（1978～2011 年）

三　不同时期我国二氧化碳排放概况

（一）碳排放的测算

目前在我国没有 CO_2 排放的监测数据，CO_2 排放可分为自然排放和人工排放，人工排放是由于人类活动引起的 CO_2 排放，主要包括化石燃料消耗、生物质燃烧等，其中化石燃料消耗所排放的 CO_2 占 95% 以上。所以目前大部分文献的碳排放的数据是由能源消耗计算得来的 CO_2 排放。对中国总的碳排放量采用以下因素分解公式进行估算：

$$c = \sum_i S_i \times F_i \times E \qquad (4-1)$$

其中，E 为中国一次能源的消费总量，F_i 为 i 类能源的碳排放强度，S_i 为 i 类能源在总能源中所占的比重。这里 F_i 的取值见表 4-1。本书取平均值作为各种能源消耗的碳排放系数。一次能源的消费总量与各类能源占总能源的比重数据来源于《中国统计年鉴》《中国能源统计年鉴》《新中国六十年统计资料汇编》。

表 4-1 各种能源的碳排放系数

数据来源	煤炭	石油	天然气
美国能源部	0.702	0.478	0.389
日本能源经济研究所	0.756	0.586	0.449
中国国家科委气候变化项目	0.726	0.583	0.409
中国国家发改委能源研究所	0.7476	0.5825	0.4435
平均值	0.7329	0.5574	0.4226

（二）不同时期我国碳排放概况

图 4-4 显示了中国 1978~2011 年的碳排放。中国的碳排放 1978 年为 37613 万吨。1978~2002 年，CO_2 排放缓慢增长，2002 年，我国 CO_2 排放量为 95232 万吨。2002~2011 年，我国 CO_2 排放加速增长，到 2011 年达 248481 万吨。图 4-4 中显示了碳排放的规模效应，经济规模的扩大导致碳排放的增加。改革开放 30 年，经济的高速增长也带来了碳排放的持续增加。1996~2001 年，碳排放呈现略有下降和缓慢增长的态势，这可能是源于 1996 年国家大力调整能源政策和加强管制，采取措施淘汰、关闭了一批技术落后、污染严重、浪费资源的小企业和 1997 年的亚洲金融危机及其滞后效应。从 2002 年起，我国碳排放呈加速增长的态势，这可能是由于我国自 2002 年起进入新一轮的景气周期，扩大内需和扩张投资的宏观政策导致大批高能耗的基础设施项目和工业项目上马，使经济发展对碳排放贡献保持高位。所以说，我国经济规模的不断增长，导致经济活动副产品（碳排放）的不断增加。在可以预见的将来，我国仍然面临经济增长与碳排放的压力。

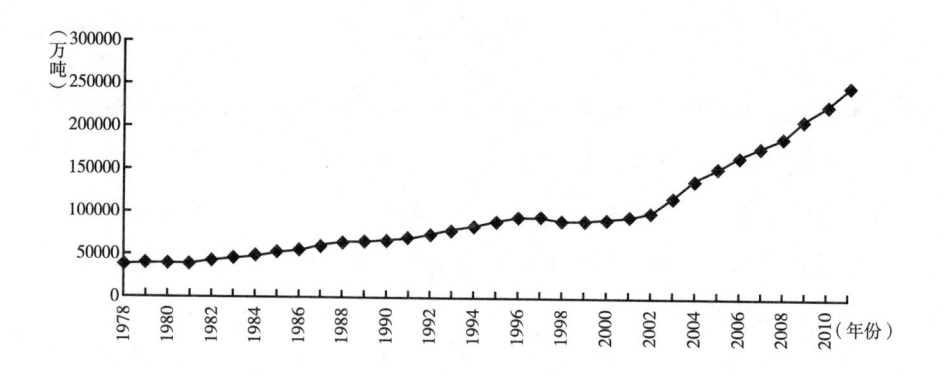

图 4-4 1978~2011年中国碳排放趋势

资料来源：美国二氧化碳信息分析中心。

CO_2 排放的数据对于评价世界气候与生态系统是重要的，与 GDP 增长的对比也是重要的。图 4-5 显示了 GDP、总排放和 CO_2 排放强度。1978~2011 年，实际 GDP 增长了近 6 倍，同时期的 CO_2 排放也增长了 6 倍。CO_2 排放强度是指单位 GDP 的 CO_2 排放，1978 年至 20 世纪 80 年代末一直保持不变，随后下降，从 100 下降至最低点 1998 年的 63。随后 CO_2 排放强度又开始上升，2011 年 CO_2 排放强度达 108。在 2009 年的哥本哈根国际气候会议上，中国做出了到 2020 年，单位 GDP 碳排放比 2005 年减少 40%~45% 的承诺。为了实践这一承诺，必须采取重大的政策措施。

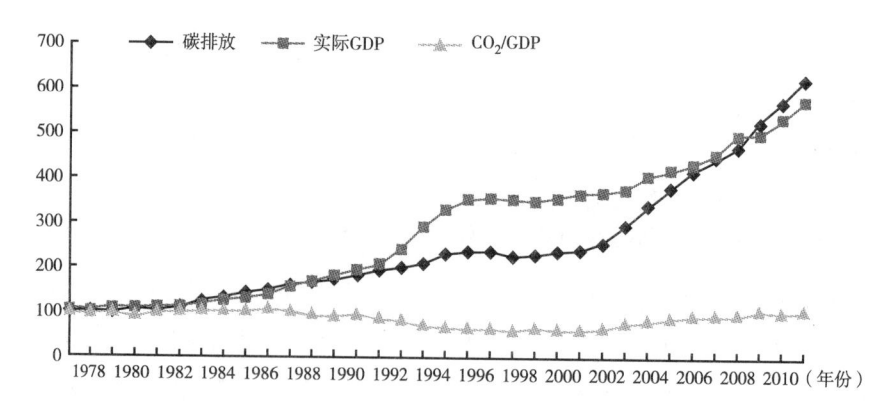

图 4-5 实际 GDP、碳排放与单位 GDP 的碳排放
（1978 年 = 100；1978~2011 年）

第二节 FDI区域分布结构和碳排放的演变趋势

一 FDI的区域分布状况

从FDI区域分布情况看，东部的区位优势明显，绝大部分FDI分布于东部地区，东高西低特征明显。如图4-6所示，80%以上的FDI分布在东部。近年来，随着中西部地区投资环境的改善和相对低成本优势，FDI有向中西部转移的趋势。

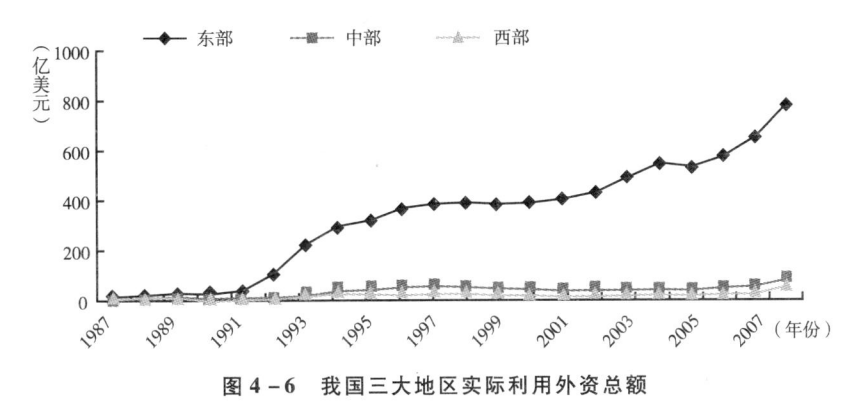

图4-6 我国三大地区实际利用外资总额

资料来源：各省市统计年鉴。

由表4-2~表4-4各省吸引外资来看，金额较大的地区多为东部省份。2008年，吸引FDI最多的省份为江苏省（2512001万美元），其次为广东省（1916703万美元），再次为辽宁省（1201925万美元）、上海市（1008427万美元）、浙江省（1007294万美元）。在中部各省，2008年，吸引外资最多的省份依次为河南省（403266万美元）、湖南省（400515万美元）、江西省（360368万美元）、安徽省（348988万美元）、湖北省（324481万美元）。在西部地区，2008年，吸引FDI最多的为四川省（308842万美元），其次为内蒙古（285556万美元），重庆列第三位，为272913万美元。

从各省实际利用外资的年均增速看，东部地区吸引外资年均增速最快的是浙江（34.52%），其次是江苏（33.36%）、天津（28.37%）、河北（28.15%），最慢的是海南（15.2%），改革开放的先驱、全国吸引外资最

表4-2　东部各省实际利用FDI概况

单位：万美元，%

省　域	1990年	1995年	2000年	2005年	2006年	2007年	2008年	增速
北　京	27696	140277	245799	352638	455191	506572	608172	18.70
天　津	8315	152064	256000	332885	413077	527776	741978	28.37
河　北	3935	78061	102376	191256	201434	241621	341868	28.15
辽　宁	24831	140405	255219	359042	598554	909673	1201925	24.05
上　海	17719	324996	316029	684965	710689	791954	1008427	25.17
江　苏	14110	478058	642358	1318339	1743140	2189206	2512001	33.36
浙　江	4844	125775	161266	772271	888935	1036576	1007294	34.52
福　建	29002	403881	380386	622984	718489	813093	1002556	21.75
山　东	15084	260719	297119	897072	1000069	1101159	820246	24.86
广　东	145984	1018028	1223720	1236391	1451065	1712603	1916703	15.38
海　南	10055	105501	43080	68401	74878	112001	128337	15.20

资料来源：《新中国六十年统计资料汇编》。

表4-3　中部各省实际利用FDI概况

单位：万美元，%

省　域	1990年	1995年	2000年	2005年	2006年	2007年	2008年	增速
山　西	340	6383	22472	27516	47199	134283	102282	37.30
吉　林	6069	90202	49351	115102	165028	227062	300809	24.22
黑龙江	11777	74994	110359	152202	174901	216908	265642	18.90
安　徽	961	48256	31847	68845	139354	299892	348988	38.75
江　西	621	28818	22724	242258	280657	310358	360368	42.41
河　南	1049	47981	53999	122960	184526	306162	403266	39.19
湖　北	16967	110941	94368	218475	244853	276622	324481	17.81
湖　南	1116	48802	68182	207235	259335	327051	400515	38.66

资料来源：《新中国六十年统计资料汇编》。

多的省份——广东年均增速仅为15.38%。中部各省中，增速最快的是江西省（42.41%），以下依次是河南省（39.19%）、安徽省（38.75%）、湖南省（38.66%）、山西省（37.3%）、吉林省（24.22%）、黑龙江省（18.9%）、湖北省（17.81%）。西部区域，增速最高的是青海省，达年均51.43%的增长率，以下依次是重庆市（39.28%）、云南省（38.77%）、四川省（32.95%），增速最低的是贵州省（11.26%）。

表 4-4　西部各省实际利用 FDI 概况

单位：万美元，%

省　域	1990 年	1995 年	2000 年	2005 年	2006 年	2007 年	2008 年	增速
内蒙古	5532	61801	54819	140007	196863	238780	285556	26.11
广　西	3871	66952	52466	37866	44740	68396	97119	20.87
重　庆	977	37926	24436	51575	69595	108534	272913	39.28
四　川	2439	28300	43694	88686	120819	149322	308842	32.95
贵　州	2845	9637	19545	19568	18413	15333	17379	11.26
云　南	296	22500	12812	17352	30234	39453	77688	38.77
陕　西	3159	32407	28842	62839	92489	119516	136954	24.82
甘　肃	1921	10954	6235	2044	2954	11802	12842	11.82
青　海	19	2447	3967	26600	27500	31000	22000	51.43
宁　夏	1292	6715	9091	14107	13794	16968	12073	14.05
新　疆	407	6678	1923	4749	10366	12484	18984	25.36

资料来源：《新中国六十年统计资料汇编》。

所以，从上面的分析可知，在实际利用外资方面，我国各省间的差异较大，吸引 FDI 最多的省份集中在东部，但是吸引 FDI 的增速较快的省份却主要分布在中西部区域内。

二　各省碳排放量的比较分析

我国各省碳排放见表 4-5～表 4-7，各省之间碳排放差异巨大。在东部各省，1990 年，碳排放量最多的省是山东省（5100.08 万吨），最少的是海南省（60.15 万吨）。到 2008 年，碳排放最多的省份依然是山东省（22318.03 万吨），其次是河北省（17389 万吨）、江苏省（12976.34 万吨）、辽宁省（12217.9 万吨），最少的是海南省（587.28 万吨）。在中部省域，1990 年碳排放量由少到多依次为江西（1081.41 万吨）、安徽（1937.57 万吨）、吉林（1975.71 万吨）、湖北（2179.78 万吨）、山西（2477.56 万吨）、河南（3650.94 万吨）、黑龙江（3704.56 万吨）。碳排放量最多的黑龙江省是最少的江西省的 3.4 倍。到 2008 年，碳排放量由小到大依次为江西（3364.741 万吨）、吉林（5410.06 万吨）、黑龙江（5591.27 万吨）、安徽（5867.02 万吨）、湖北（6719.02 万吨）、山西（8607.12 万吨）、河南（13144.77 万吨）。碳排放量最多的河南是最少的江西的 3.9 倍。

表 4–5　东部各省 CO_2 排放量

单位：万吨，%

省　域	1990 年	1995 年	2000 年	2005 年	2006 年	2007 年	2008 年	增速
北　京	1842.55	2421.40	2801.67	3645.00	3861.94	4093.00	数据缺乏	4.81
天　津	1386.21	1735.04	1868.23	2734.87	2882.55	3095.27	3301.83	4.94
河　北	4359.04	6345.65	8011.52	14158.02	15578.73	16866.65	17389.00	7.99
辽　宁	4931.62	6433.28	6804.68	9304.355	10314.49	11421.17	12217.90	5.17
上　海	804.65	932.58	3663.466	4963.606	5184.472	5494.195	5858.23	11.70
江　苏	3869.30	5462.15	5721.26	10792.78	11820.52	12805.84	12976.34	6.95
浙　江	1393.00	2872.27	3947.36	6761.884	7709.639	8669.263	8776.171	10.80
福　建	814.07	1162.59	1555.53	3565.96	3915.94	4528.59	4790.92	10.30
山　东	5100.08	6726.23	8695.00	17498.00	19647.12	21313.62	22318.03	8.55
广　东	2009.81	3405.09	4023.97	7377.17	8163.30	8884.56	9432.93	8.97
海　南	60.15	157.96	252.63	432.07	471.70	558.97	587.28	13.50

资料来源：《新中国六十年统计资料汇编》；《中国能源统计年鉴》。

表 4–6　中部各省 CO_2 排放量

单位：万吨，%

省　域	1990 年	1995 年	2000 年	2005 年	2006 年	2007 年	2008 年	增速
山　西	2477.56	3105.12	3142.98	6211.57	6453.85	7498.56	8607.12	7.16
吉　林	1975.71	2135.63	1793.60	4037.92	4522.14	4863.52	5410.06	5.76
黑龙江	3704.56	4307.86	3669.83	5035.48	5072.18	5291.33	5591.27	2.31
安　徽	1937.57	2974.53	3474.15	4619.31	5027.98	5486.30	5867.02	6.38
江　西	1081.41	1532.08	1535.87	2685.146	2942.986	3254.323	3364.741	6.51
河　南	3650.94	4551.41	5564.80	10188.60	11330.57	12480.70	13144.77	7.38
湖　北	2179.78	3331.95	3689.29	5492.68	6195.47	6876.16	6719.02	6.45

资料来源：《新中国六十年统计资料汇编》；《中国能源统计年鉴》。

表 4–7　西部各省 CO_2 排放量

单位：万吨，%

省　域	1990 年	1995 年	2000 年	2005 年	2006 年	2007 年	2008 年	增速
内蒙古	937.83	2042.95	2788.38	7422.59	8635.10	9979.27	11078.12	15.60
广　西	686.03	1051.26	1190.64	2533.61	2510.39	3237.48	3363.86	9.80
重　庆	1020.32	1178.37	1532.42	2562.96	2781.30	3147.77	3343.54	7.23
四　川	数据缺损	数据缺损	3100.28	5209.58	5789.57	6356.00	6689.97	3.18
贵　州	823.96	1294.69	2831.19	4841.49	5501.02	5928.98	6181.13	12.60

续表

省　域	1990年	1995年	2000年	2005年	2006年	2007年	2008年	增速
云　南	1128.45	1405.31	1762.26	3171.31	3756.24	3997.26	4136.88	7.94
陕　西	1511.59	2013.24	1742.37	3708.50	4044.09	4640.46	4970.99	7.25
甘　肃	1231.713	1639.25	1803.75	2627.21	2882.19	3087.96	3215.94	5.80
青　海	227.76	245.44	311.59	571.90	719.85	773.15	927.41	8.61
宁　夏	335.16	470.84	504.40	1737.701	1945.959	2125.863	2226.80	11.80
新　疆	1251.43	1753.26	2096.85	3387.00	3711.00	4053.53	4388.06	7.66

资料来源：《新中国六十年统计资料汇编》；《中国能源统计年鉴》。

在西部区域，2000年，碳排放量最大的为四川（3100.28万吨），其次是贵州（2831.19万吨）、内蒙古（2788.38万吨），最少的是青海（311.59万吨）。碳排放最大的四川省是最少的青海省的10倍。到2008年，碳排放最大的是内蒙古（11078.12万吨），其次是四川（6689.97万吨）、贵州（6181.13万吨），最少的是青海（927.41万吨）。最大的排放省份内蒙古是碳排放最少的青海的12倍。

从碳排放的年均增速看，东部地区增速最快的是海南（13.5%）和上海（11.7%）。这是因为20世纪90年代以来，海南和上海获得了加速发展。特别是上海，在1992年邓小平南方谈话后，上海的活力迅速释放，取得了令世界瞩目的经济增长，成为全国人均收入最高的城市和国际化的大都市。在工业化的进程中，碳排放的增长也很快。但近些年上海和海南碳排放的增速逐渐放缓，上海的产业结构逐渐向服务业转型，海南的产业结构更偏向于农业和旅游业，这都减缓了两地的碳排放。

在中部地区，碳排放的增速差距并不大。其中，河南省碳排放的年均增速最快（7.38%）。这是因为河南省在20世纪90年代以来第二产业的比重快速增加，从一个农业大省逐渐向工业大省转变，工业化的过程必然加剧碳排放。黑龙江的年均增速最低（2.31%），不仅在中部，也是东、中、西部三大区域内CO_2排放增速最低的省份。与东西部比较，中部各省的增速并不快。这可能是由于在改革开放的过程中，中部的发展落后于东部。在近些年中部崛起的规划中，中部各省追求又好又快的低碳崛起，致力于建立资源节约型和环境友好型的发展模式。

在西部地区，年均增速最快的是内蒙古（15.6%），其次是贵州省（12.6%），增速最低的为四川省（3.18%）。

从上面的分析可以发现，我国碳排放总量最大的省份主要集中在东部，中西部的年度碳排放量远低于东部地区。而二氧化碳排放年均增速快的省份主要位于西部和东部，中部地区各省的碳排放年均增速低于东部和西部。

三 不同区域碳强度（单位 GDP 碳排放）的比较分析

（一）三大区域的比较分析

尽管我国的碳排放总量很大，已成为世界上第二大碳排放国，但我国碳强度呈现波动的趋势，见图 4-7。

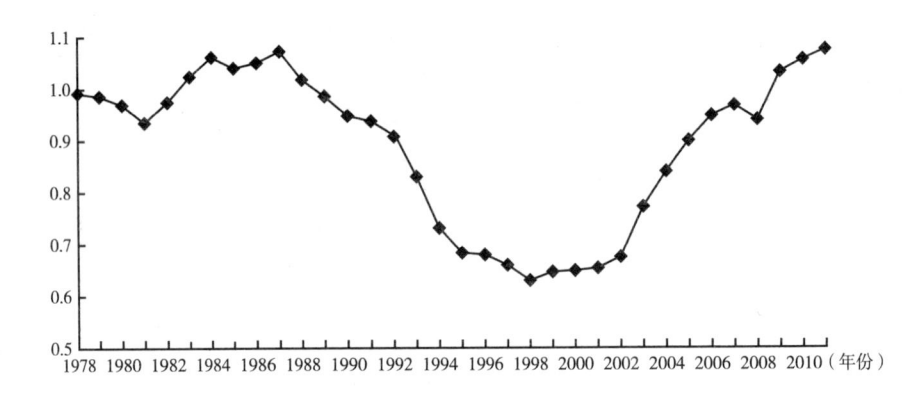

图 4-7 我国碳强度的变化趋势（1978~2011 年）

资料来源：碳排放数据来自 CDIAC。GDP 数据为不变价，由《中国统计年鉴》数据整理得到。

碳强度，即单位 GDP 碳排放量，反映了一个地区经济发展对碳排放的贡献程度。从理论上来说，碳强度越小越好，因为它表示随着经济发展的同时，相同数量 GDP 的增加带来的碳排放的增量在递减，碳强度指标从侧面反映了经济结构的合理性和经济发展中的技术水平。根据各地区生产总值数据和表 4-5~表 4-7 碳排放值，计算出 1986~2005 年三大地区的碳强度（见图 4-8）。

（二）各省域的比较分析

各省的碳强度由各省的碳排放量除以该省的地区生产总值得到，计算结果见表 4-8~表 4-10。

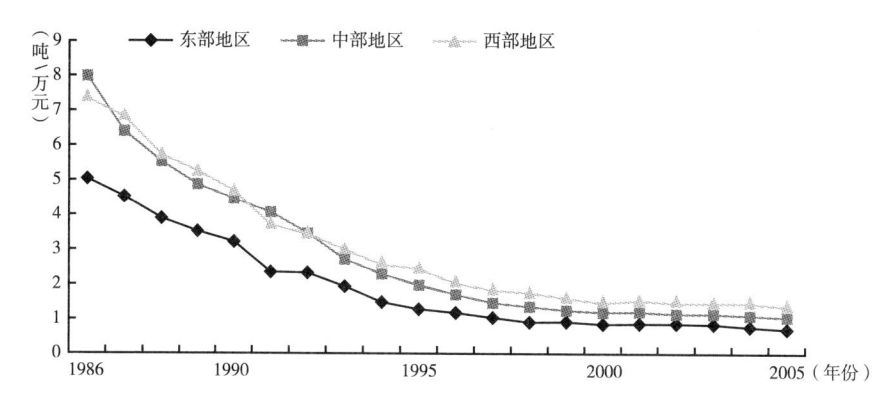

第四章 FDI、经济增长与我国碳排放的演变趋势

图 4-8 三大区域碳强度

资料来源：谭丹、黄贤金：《我国东、中、西部地区经济发展与碳排放的关联分析及比较》，《中国人口·资源与环境》2008年第3期，第54~57页。

表 4-8 东部各省碳强度

单位：吨/万元

年份	北京	天津	河北	辽宁	上海	江苏	浙江	福建	山东	广东	海南
1990	3.67	4.39	4.86	4.64	1.32	2.73	1.54	1.56	3.84	1.29	0.59
1995	1.60	1.79	2.23	2.30	0.98	1.06	0.81	0.56	1.35	0.57	0.43
2000	0.88	1.09	1.59	1.45	0.76	0.67	0.64	0.41	1.04	0.37	0.48
2005	0.53	0.74	1.40	1.16	0.54	0.59	0.51	0.54	0.95	0.33	0.48
2006	0.49	0.66	1.35	1.11	0.50	0.55	0.49	0.52	0.89	0.31	0.46
2007	0.44	0.61	1.23	1.04	0.45	0.50	0.46	0.49	0.82	0.29	0.46
2008	—	0.52	1.07	0.91	0.43	0.43	0.41	0.44	0.72	0.26	0.40

表 4-9 中部各省碳强度

单位：吨/万元

年份	安徽	河南	湖北	江西	吉林	黑龙江	山西
1990	2.94	3.91	2.64	2.76	4.65	5.18	6.09
1995	1.64	1.52	1.58	1.31	1.88	2.16	2.74
2000	1.20	1.10	1.04	0.77	0.92	1.16	1.79
2005	0.86	0.96	0.84	0.66	1.12	0.91	1.49
2006	0.82	0.92	0.82	0.63	1.06	0.82	1.38
2007	0.74	0.83	0.74	0.59	0.92	0.75	1.32
2008	0.66	0.71	0.59	0.52	0.84	0.67	1.20

69

表4-10 西部各省碳强度

单位：吨/万元

年份	内蒙古	广西	重庆	四川	贵州	云南	陕西	甘肃	青海	宁夏	新疆
1990	2.94	1.53	3.40	—	3.17	2.50	3.74	5.07	3.26	5.17	4.79
1995	2.38	0.70	1.16	—	2.04	1.15	1.94	2.94	1.46	2.69	2.15
2000	1.81	0.57	0.96	0.79	2.75	0.88	0.97	1.71	1.18	1.71	1.54
2005	1.91	0.62	0.83	0.71	2.45	0.91	0.98	1.36	1.05	2.87	1.30
2006	1.78	0.52	0.81	0.67	2.42	0.94	0.89	1.27	1.13	2.74	1.22
2007	1.64	0.54	0.76	0.61	2.16	0.84	0.85	1.14	0.99	2.39	1.15
2008	1.43	0.47	0.66	0.53	1.85	0.73	0.73	1.01	0.96	2.03	1.04

由表可知，无论是东部、中部还是西部，各省的碳强度均呈从1990年至2008年逐年下降的趋势。单位GDP碳排放最高的省份主要集中在西部地区，其次是中部地区，最后是东部。例如在2008年，全国碳强度最高的省份为西部的宁夏（2.03），其次是贵州（1.85）、内蒙古（1.43），2008年碳强度最低的为东部的广东省（0.26）。

第三节 区域经济增长概况

我国东、中、西部三大区域的经济增长是不均衡的。作为改革开放的前沿阵地，珠三角、长三角所在的东部省份的经济增长是令人瞩目的，远远超过了中西部的经济增长，并在改革开放30年迅速拉开了与中西部的差距。三大区域各省份的地区生产总值见表4-11至表4-13。

表4-11 东部各省地区生产总值

单位：亿元

年份	北京	天津	河北	辽宁	上海	江苏
1990	500.82	310.95	896.33	1062.70	781.66	1416.50
1995	1507.69	931.97	2849.52	2793.40	2499.43	5155.25
2000	3161.00	1701.88	5043.96	4669.10	4771.17	8553.69
2005	6886.31	3697.62	10096.11	8009.00	9164.10	18305.66
2006	7861.04	4344.27	11515.76	9251.20	10366.37	21645.08
2007	9353.32	5050.40	13709.50	11023.50	12188.85	25741.15
2008	10488.03	6354.38	16188.61	13461.60	13698.15	30312.61
平均增速（%）	18.4	18.2	17.4	15.1	17.2	18.5

续表

年份	浙江	福建	山东	广东	海南
1990	904.69	522.28	1511.19	1559.03	102.42
1995	3557.55	2094.90	4953.35	5933.05	363.25
2000	6141.03	3764.54	8337.47	10741.25	526.82
2005	13437.85	6568.93	18516.87	22366.54	905.03
2006	15742.51	7584.36	22077.36	26159.52	1031.85
2007	18780.44	9249.13	25965.91	31084.40	1223.28
2008	21486.92	10823.11	31072.06	35696.46	1459.23
平均增速(%)	19.2	18.3	18.3	19.0	15.9

表4-12 中部各省地区生产总值

单位：亿元

年份	安徽	河南	湖北	江西	吉林	黑龙江	山西
1990	658.00	934.65	824.38	428.62	425.28	3704.56	429.27
1995	1810.60	2988.37	2109.38	1169.73	1137.23	4307.86	1076.03
2000	2902.20	5052.99	3545.39	2003.07	1951.51	3669.84	1845.72
2005	5375.10	10587.42	6520.14	4056.76	3620.27	5035.48	4179.52
2006	6131.10	12362.79	7581.32	4670.53	4275.12	5072.18	4714.99
2007	7364.20	15012.46	9230.68	5500.25	5284.69	5291.34	5733.35
2008	8874.20	18407.78	11330.38	6480.33	6424.10	5591.27	7055.80
平均增速(%)	15.6	18.0	15.7	16.3	16.3	2.3	16.8

表4-13 西部各省地区生产总值

单位：亿元

年份	内蒙古	广西	重庆	四川	贵州	云南
1990	319.30	449.06	299.82	890.95	260.14	451.67
1995	857.06	1497.56	1016.25	2443.21	636.21	1222.15
2000	1539.12	2080.04	1603.16	3928.20	1029.92	2011.19
2005	3895.55	4075.75	3070.49	7385.11	1979.06	3472.89
2006	4841.82	4828.51	3452.14	8637.81	2270.89	4006.72
2007	6091.12	5955.65	4122.51	10505.30	2741.90	4741.31
2008	7761.80	7171.58	5096.66	12506.25	3333.40	5700.10
平均增速(%)	19.4	16.6	17.0	15.8	15.2	15.1

续表

年份	陕西	甘肃	青海	宁夏	新疆
1990	404.30	242.80	69.94	64.84	261.44
1995	1036.85	557.76	167.79	175.19	814.85
2000	1804.00	1052.88	263.68	295.02	1363.56
2005	3772.69	1933.98	543.32	606.10	2604.14
2006	4523.74	2277.35	639.50	710.76	3045.26
2007	5465.79	2703.98	783.61	889.20	3523.16
2008	6851.32	3176.11	961.52	1098.51	4203.41
平均增速（%）	17.0	15.3	15.7	17.0	16.7

由表可知，在全国范围内，2008年，我国经济规模最大的省份为广东省，地区生产总值达35696.46亿元。其次为山东省，地区生产总值为31072.06亿元。江苏省位列第三，为30312.61亿元。后面依次为浙江省（21486.92亿元）、河南省（18407.78亿元）、河北省（16188.61亿元）、上海市（13698.15亿元）、辽宁省（13461.6亿元）、四川省（12506.25）、湖北省（11330.38亿元）、福建省（10823.11亿元）等。经济规模最小的省为青海省，2008年地区生产总值仅为961.52亿元。可见，在经济总量上，东部各省相比中西部占有绝对优势。从年均增速上看，东部的经济增长也显著快于中西部。1990～2008年，除了海南省和辽宁省外，东部其他各省的地区生产总值的年均增长率均超过17%，我们特别注意到浙江省和广东省的年均增速超过19%。中部的黑龙江省年均增速仅为2.3%。

第四节 结论

对不同时期FDI、经济增长和我国碳排放的演进趋势的观察发现，在改革开放初期，FDI金额少，经济增长缓慢，同时期的碳排放也呈现稳定和缓慢增长的趋势。在改革开放深入进行的阶段（1985～1991年），我国引进FDI总量稳步上升，中国逐渐成为颇具吸引力的发展中东道国，该阶段我国GDP总量稳步上升，经济增长率显著提高，人民生活质量逐渐改善。在这一时期内，我国 CO_2 排放依然呈现缓慢增长的态势。1992 年邓小平南方谈话后，市场机制成为我国政治经济生活的主旋律，其间我国实际使用外资额大幅度增长，进入 21 世纪，中国逐渐成为世界上最具吸引力的 FDI 东道国和吸引 FDI 最多的发展中国家。2009 年，中国 FDI 流入量达 950 亿美元，仅次于美国，跃升为全球第二大国。在这一时期，我国实际 GDP 大幅度增长，中国已成为世界上成长率最快的国家，2010 年我国 GDP 总量为 397983 亿元，超过日本成为世界第二大经济体。同期，除了 1996~2001 年，我国碳排放呈略有下降和缓慢增长的趋势外，2002 年后经济进入新一轮的景气周期，扩大内需和扩张投资的宏观政策导致大批高能耗的基础设施项目和工业项目上马，我国经济规模的不断增长，导致经济活动副产品（碳排放）的不断增加。2002 年后我国碳排放呈加速增长的趋势。

以上的分析似乎定性地得出以下的结论：FDI 少、经济增长缓慢时，碳排放的增长也相应缓慢；当 FDI 扩张速度加快、经济高速增长时，引致的碳排放也迅猛增加。同时，我们也发现了政策的调控对碳排放具有显著的影响。那么，这是否意味着 FDI、经济增长与我国碳排放是一个正相关的关系呢？这里埋下一个伏笔，在本书后面实证研究的章节中，我们将对这样的一个判断进行检验，以验证其真实性。

本章介绍了 FDI 不同的区域分布和区域碳排放的演变趋势。从我国 FDI 区域的分布情况看，80% 以上的 FDI 分布在东部，东高西低特征明显。而东、中、西部三大区域碳排放总量也呈明显的差异，碳排放从西部地区开始向中部地区、东部地区不断增加。分省的定性分析得出类似的结论。2008 年，吸引 FDI 最多的省份为江苏省（2512001 万美元），该年江苏省的碳排放为 12976.34 万吨，在全国排第二。在西部地区中，2008 年吸引 FDI 最多的为四川省（308842 万美元），该年四川省也是西部碳排放最多的省份（3100.28 万吨）。那么，能否得出 FDI 与碳排放是正相关的关系呢？同样，对这样一个判断，需要借助后面章节的实证探讨来进行验证。

本章还介绍了不同地区的经济增长的演进概况。在经济总量上，东部各省相比中西部占有绝对优势。在年均增速上，东部的经济增长也显著快于中西部。同样，碳排放从西部地区开始向中部地区、东部地区不断增加。1986～2008年，我国三大地区碳排放量呈现逐年上升的趋势。其中东部的增长速度最高，西部次之，碳排放增长速度最低的为中部。分省的分析得出了类似的结论。定性分析似乎也得出了这样的判断：经济增长与碳排放是正相关的关系。这又是一个推测，本书后面分区域的实证研究将对这一推测进行检验，给出实证的判断和结论。

第五章 FDI、经济增长与我国碳排放的实证研究

第一节 FDI 与中国碳排放[①]

一 基本模型与数据来源

在探讨 FDI 对我国二氧化碳排放的影响时,并不是简单地运用 FDI 数据直接对碳排放数据做回归处理。碳排放不仅与 FDI 相关,还与其他重要的变量有关,如果不考虑这些变量而直接运用 FDI 和碳排放数据做回归分析,极有可能会因为遗漏重要变量而导致模型设定错误并得出可疑结论。因此,本书在解释变量中加入了反映经济增长水平的变量 GDP 和人均 GDP,反映贸易依存度的变量出口,反映国内投资的变量 GDI,以及反映经济结构的变量农业/GDP。借鉴 Peter Grimes 和 Jeffrey Kentor (2003) 的模型,本书采取以下对数模型形式:

$$LnCO_{2t} = \beta_0 + \beta_1 F_t + \beta_2 AGRI_t + \beta_3 EX_t + \beta_4 GDI_t + \beta_5 LnGDP_t \quad (5-1)$$

$$LnCO_{2t} = \gamma_0 + \gamma_1 F_t + \gamma_2 AGRI_t + \gamma_3 EX_t + \gamma_4 GDI_t + \gamma_5 LnAGDP_t \quad (5-2)$$

F_t 是第 t 年的 FDI 与 GDP 的比,FDI 采用实际利用外资金额,按照当年汇率折算成人民币,β_1 与 γ_1 衡量 FDI 对碳排放的影响。

$AGRI_t$ 指第 t 年农业占 GDP 的百分比,衡量我国的经济结构,农业生产相对于工业部门产生较少的 CO_2,因此预期 β_2 与 γ_2 为负。

[①] 本节内容作者已公开发表。见宋德勇、易艳春《外商直接投资与我国碳排放》,《中国人口·资源与环境》2011 年第 1 期。

EX_t 指第 t 年出口占 GDP 的份额，衡量我国的出口依存度。β_3 与 γ_3 评估出口对 CO_2 排放的影响，我们预期 β_3 与 γ_3 为负。

GDI_t 是第 t 年国内投资/固定资产投资，衡量我国内资的投资规模。β_4 与 γ_4 衡量国内投资对碳排放的效应。

GDP_t 指第 t 年实际国内生产总值，用国内生产总值缩减指数（1978年＝100）去除当年名义 GDP。$AGDP_t$ 指第 t 年实际人均国内生产总值，用人均国内生产总值缩减指数（1978 年＝100）去除当年名义人均 GDP，这两个变量用来衡量我国经济发展水平。β_5 与 γ_5 衡量经济增长对我国碳排放的影响。

以上所有的变量都以 1978 年不变价格计算，所有数据均来源于《中国统计年鉴》《新中国六十年统计资料汇编》，时间跨度为 1978～2011 年。

CO_{2t} 指第 t 年二氧化碳排放量，为了减少数据的不平稳，该变量在模型中取自然对数，以对数形式表示以纠正方法的偏差。我们使用碳排放的绝对值，而不是 CO_2/GDP，这是因为我们要估计 FDI 对环境的影响。

二 实证结果

（一）时间序列的平稳性检验

本书使用 Eviews 6.0 对模型（5-1）和模型（5-2）进行 OLS 分析。由于大多数时间序列是非平稳的，用 OLS 对时间序列进行回归分析可能会产生"伪回归"问题。为了检验解释变量与被解释变量时间序列的平稳性，本书应用 ADF 检验。H_0 假设指被解释变量 $LnCO_{2t}$ 的水平值的非平稳性在任何合理的显著性水平下都不能被拒绝。如果我们用 ADF 检验来检验时间序列一阶差分的平稳性，我们得到在 1% 的显著性水平上拒绝 H_0。我们对 1978～2011 年的二氧化碳排放量的自然对数的时间序列进行 ADF 检验，检验结果显示时间序列的水平值是不平稳的，一阶差分也是不平稳的，二阶差分是平稳的。我们接着检验解释变量 F_t、$AGRI_t$、EX_t、GDI_t、$LnGDP_t$、$LnAGDP_t$ 的平稳性。F_t 的二阶差分是平稳的，$AGRI_t$ 的水平值是平稳的，EX_t 的二阶差分是平稳的，GDI_t 的一阶差分是平稳的，$LnGDP_t$ 和 $LnAGDP_t$ 的二阶差分是平稳的。

由于模型中的时间序列是非平稳的，为了判定本书中的回归分析是否存在"伪回归"问题,需要对模型残差进行平稳性检验。如果回归残差是平稳的,变量间就存在协整关系,时间序列是协整的,OLS估计是合适的。如果残差是非平稳的,就得对非平稳的时间序列进行平稳化处理。

本书采用ADF单位根检验法检验模型(5-1)残差(resid)序列是否平稳(见表5-1)。由表5-1看出,ADF统计值是-5.364965,小于显著性水平为1%的临界值-2.669359,表明至少可以在99%的置信水平下拒绝原假设,认为残差序列不存在单位根。因此模型(5-1)的时间序列是协整的,OLS是合适的估计方法。

表5-1 残差序列的ADF检验结果

ADF统计值	-5.364965	ADF临界值
	1%	-2.669359
	5%	-1.956406
	10%	-1.608495

对模型(5-2)的残差序列进行单位根检验,结果与模型(5-1)类似。模型(5-2)残差序列的单位根检验在1%的显著性水平下拒绝了原假设。模型(5-2)的残差序列也不存在单位根,因此模型(5-2)的变量间有协整关系,时间序列是协整的,OLS是合适的估计方法。

(二)实证结果

本书使用Eviews 6.0对模型(5-1)和模型(5-2)进行OLS分析。分析结果见表5-2。在模型(5-1)中,F的系数为-4.26,并在1%的水平上显著,表明FDI/GDP每上升1个百分点,碳排放就减少4.26个百分点。农业生产的系数显著为负,与之前的估计一致,农业部门份额的增加能够减少碳排放。出口对碳排放的影响显著为正,出口依存度每增加1个百分点,碳排放就增加2.61个百分点。出口增加了碳排放,这与目前国内大多数研究的结果是一致的。国内投资对碳排放的影响为负,并在1%的水平上显著,国内投资增加能够减少碳排放。实际人均GDP的自然对数的系数没有通过显著性检验,说明人均GDP对碳排放没有系统的影响。

表 5-2　回归结果

		C	F	AGRI	EX	GDI	Ln(AGDP)	Ln(GDP)
模型(5-1)	系数	13.27	-4.26	-2.47	2.61	-2.59		0.06
	T统计量	6.92	-3.25	-2.93	10.19	-3.02		0.49
	P值	0.00	0.004	0.0085	0.00	0.007		0.625
	$R^2 = 0.99$, $A-R^2 = 0.98$, $D-W = 2.16$							
模型(5-2)	系数	13.41	-4.26	-2.47	2.61	-2.59	0.06	
	T统计量	8.09	-3.25	-2.93	10.19	-3.02	0.49	
	P值	0.00	0.004	0.0085	0.00	0.007	0.625	
	$R^2 = 0.99$, $A-R^2 = 0.98$, $D-W = 2.16$							

由表 5-2，模型（5-2）与模型（5-1）的系数几乎没有差异，意味着模型（5-2）中用 GDP 的对数形式代替人均 GDP 的对数形式对因变量碳排放水平没有显著的影响。在模型（5-2）中，FDI 对碳排放的影响显著为负，表明 FDI 的增加能够带来 CO_2 减排。农业占 GDP 份额的增加能够减少碳排放，国内投资的增加能够减少碳排放，出口的系数为正，并在 1% 的水平上显著，意味着出口的增加会加重碳排放的压力。实际 GDP 的自然对数的系数没有通过显著性检验，说明 GDP 对碳排放没有系统的影响。

以上的实证结果表明：

第一，FDI 的流入能够减轻我国碳排放的压力，这个结果是由于 FDI 的技术溢出带来的。FDI 进入时不仅带来了资金，同样也引进了技术。总体而言，发达国家的生产技术和工艺流程要优于国内现有水平，而使用国外技术，则在一定程度上减少了我国的碳排放。FDI 的流入在一定程度上改善了我国的环境质量。

第二，出口增长加重了我国碳排放的压力。这个结果验证了"污染避难所"假说。CO_2 的确通过出口商品而将 CO_2 "留在"国内。针对我国出口多属于高碳排放产品的特征，应利用经济手段将环境成本内在化，减少或取消高排放出口产品的出口退税，对不可避免的碳排放，应通过征收碳税、碳排放权交易、碳排放许可制度等手段给予规范。改变经济增长方式、促进产业结构升级是减少碳排放的根本途径。

第三，农业占 GDP 份额与碳排放量存在负相关，农业比重大的时期，碳排放量小。工业化进程必然会加大碳排放，现代农业、生态农业份额的提高有助于碳减排，应该促进农业现代化。农业在经济结构中份额的提高有助于碳减排。这个结果再次验证了农业生产的重要性。农业发展不仅能够解决粮食问题，也能够缓解资源与环境的压力。工业化进程必然会加大碳排放，中国幅员辽阔，并非每个地方都走工业化的道路，按照可持续发展战略，有条件的农业大省更应该集中资源着力发展生态农业，实现农业现代化。

第四，无论是人均GDP还是总的GDP对碳排放的影响都是不显著的。分析显示经济增长并不能自动解决环境问题。

第二节　FDI、经济增长与我国碳排放：东、中、西部的研究

从全国的角度看，时间序列的检验结果发现FDI的流入能够减轻我国碳排放的压力。而我国地域范围广大，各区域经济发展很不平衡，东部沿海与中西部地区的发展差异巨大。因此，有必要分区域地进行考察，比较我国三大地区碳排放的特征和差异，检验在东、中、西部三大区域范围内FDI对碳排放的影响。

如前文所述，借鉴Peter Grimes和Jeffrey Kentor（2003）的模型，该节采取以下对数模型形式：

$$LnCO_{2\,r,t} = C + \beta_1 FDI_{r,t} + \beta_2 AGRI_{r,t} + \beta_3 EX_{r,t} + \beta_4 LnY_{r,t} \qquad (5-3)$$

本节实证研究采用面板数据分析方法，样本包括我国30个省份1995~2008年的数据，由于西藏数据的缺乏，西藏不在分析范围内。各变量说明如表5-3所示，变量下标r指第r省，t指第t年。各类数据来源于《新中国六十年统计资料汇编》《中国统计年鉴》《中国能源统计年鉴》。

面板数据模型主要分为三种情形：不变参数模型、变截距模型和变参数模型。因此，在对面板数据进行计算前，首先要对模型的设定形式进行检验，我们将采用广泛使用的协方差分析检验如下两个假设：

假设1　斜率在不同的横截面样本点上和时间上都相同，但截距不相同。

假设2　截距和斜率在不同的横截面样本点和时间上都相同。

表 5-3 模型变量说明

变量	定义	说明
CO_2	碳排放总量	计算公式见式(5-3)
FDI	实际利用外资金额/地区生产总值	实际利用外资总额按照当年汇率换算成人民币
EX	出口总额/地区生产总值	出口总额按照当年汇率换算成人民币
AGRI	农业产值/地区生产总值	
Y	实际人均地区生产总值	实际人均地区生产总值,用各省地区生产总值指数(1952年=100)去除当年名义人均生产总值

检验方法是,如果接受了假设 2,则没有必要进行进一步检验;如果拒绝了假设 2,就应该检验假设 1,判断是否斜率都相等。如果假设 1 被拒绝,就应该采用变参数模型。

检验假设 2 的 F 统计量为:

$$F2 = \frac{(S3-S1)/[(N-1)(K+1)]}{S1/[NT-N(K+1)]} \sim F[(N-1)(K+1), N(T-K-1)]$$

检验假设 1 的 F 统计量为:

$$F1 = \frac{(S2-S1)/[(N-1)K]}{S1/[NT-N(K+1)]} \sim F[(N-1)K, N(T-K-1)]$$

其次,要判断是采用固定效应模型,还是随机效应模型。前者指被忽略的变量在各个时间段上对被解释变量的影响是固定的,即截距项是固定参数;后者则指被忽略的变量在各个时间段上对被解释变量的影响是随机的,即截距项是随机的。通过 Hausman 检验来选择究竟是用固定效应还是随机效应模型。

计算结果显示,在 5% 的显著性水平下,F 值检验证明东、中、西部三区域的数据均拒绝了零假设,因此各变量系数不同,故三大区域的模型都拒绝了混合效应模型。

分别对三大区域进行 Hausman 检验。东部、中部、西部 Hausman 检验的结果见表 5-4、表 5-5、表 5-6:

表 5-4　东部豪斯曼检验结果

检验结果	χ^2 统计量	χ^2 自由度	P 值
横截面随机	49.717793374	4	0.0000

表 5-5　中部豪斯曼检验结果

检验结果	χ^2 统计量	χ^2 自由度	P 值
横截面随机	48.3695087	4	0.0000

表 5-6　西部豪斯曼检验结果

检验结果	χ^2 统计量	χ^2 自由度	P 值
横截面随机	4.035067	4	0.4013

东部区域的样本 Hausman 检验表明拒绝随机模型假设，使用固定效应模型。中部区域的样本 Hausman 检验表明拒绝随机模型假设，使用固定效应模型。西部区域的样本 Hausman 检验表明接受随机模型假设，使用随机效应模型。检验结果如表 5-7 所示。

表 5-7　面板数据模型估计结果

变量	东部	中部	西部
C	3.5**		-4.48***
LOGY	0.956***	1.92***	2.25***
FDI	-3.167**	-1.38	-1.25
EXPORT	2.3267**	1.55*	1.93
AGRI	-1.86857***	-2.11***	-4.55***
R^2	0.986	0.955	0.872
F	415	174.57	223.68
Hausman	49.72	48.37	4（随机效应）

注：*** 表示在 1% 的水平上显著，** 指在 5% 的水平上显著，* 指在 10% 的水平上显著。

在对面板模型进行回归之后，对回归结果需要进行相关检验，包括自相关检验和怀特异方差检验。面板的自相关检验采用相关图的方法，残差序列的相关图检验结果显示回归模型的残差序列不存在自相关。

面板模型的怀特异方差检验方法与一般 OLS 回归的检验方法类似。将回归残差的平方作为因变量,将原来的因变量、自变量及其平方作为自变量而构建一个辅助回归以计算 R^2。检验结果显示,三大区域的面板模型不存在异方差问题。

根据表 5-7 的回归结果,对东、中、西部三大区域进行比较分析:

第一,东、中、西部人均地区生产总值的碳排放弹性递增。从结果分析看,东部的人均地区生产总值的碳排放弹性为 0.956,中部为 1.92,西部为 2.25,三大区域的弹性均在 1% 的水平上显著。可以说,东部的能耗强度低于中西部。这说明东部地区的能源利用的技术水平高于中西部,东部的能源利用效率高于中西部。

第二,东、中、西部 FDI 碳减排弹性递减。实证分析发现,东部 FDI 显著减少了该区域的 CO_2 排放,系数达 3.167;中部地区的 FDI 虽与 CO_2 排放负相关,但显著性不高;西部地区 FDI 与 CO_2 排放的关联性也没有通过显著性检验。实证结果发现,FDI 对我国碳排放的影响呈明显的东高西低的特征,这与我国 FDI 的区域分布是一致的:我国绝大部分的 FDI 分布在东部,FDI 带来东部的 CO_2 减排,中部地区与东部地区相比有较大差距,西部地区的 FDI 规模最小,中西部 FDI 与碳减排的关联度小。对此的解释是 FDI 的技术溢出带来碳减排,通过技术转让,外企有效率的技术能够促成能源节约的技术效应。FDI 相对于内资的竞争者,使用了更先进的清洁技术,从而更能实现能源节约。FDI 先进的技术对改善能源效率具有正的影响。

第三,东、中、西部出口碳排放弹性递减。实证结果表明,东部的出口与其 CO_2 排放显著相关,系数达 2.3267;中部地区出口的碳排放系数为 1.55;西部地区的出口虽与 CO_2 排放正相关,但没有通过显著性检验。实证结果表明,东、中、西部出口的碳排放弹性递减,这与我国东、中、西部的开放程度是一致的:东部地区的外贸依存度最高,出口大大提高了东部的 CO_2 排放;中部地区的经济外向型程度不如东部,西部地区的贸易依存度最低,所以三大区域的碳排放与其出口关联度呈东高西低的特征。这说明我国出口主要是污染密集型和资源密集型产品,具有高碳排放的特征。

第四,东、中、西部农业份额对碳排放的影响显著为负,并且呈西高东低的特征。从结果看,东部地区农业份额的碳排放系数为 -1.86857,中部为-2.11，西部为-4.55。这说明，第一产业份额的提高能够减少我国的二氧化碳排放，并且农业在经济结构中所占的份额越高，对二氧化碳减排的作用就越显著。

第三节 FDI 的技术溢出效应研究

一 文献回顾与理论分析

国外对 FDI 与经济增长关系的研究，实证研究多于理论研究。研究的结果带来针锋相对的两类观点：一类观点认为 FDI 产生了正的溢出效应从而促进了经济增长，另一类观点则刚好相反。

Borensztein（1998）运用工业化国家在 20 年间流入 69 个发展中国家的 FDI 数据进行 SUR 模型估计，实证研究发现 FDI 是技术扩散的重要方式，它对经济增长的贡献大于国内投资。Aitken 和 Harrison（1999）运用面板数据对委内瑞拉进行实证分析，结果发现外资的流入并没对委内瑞拉的内资企业产生技术溢出效应。对此，可能的解释是流入委内瑞拉的外资规模太小、水平太低，或者说国内经济不是出口导向型的，从而无法从 FDI 中获益。

Salvador Barrios（2005）等人集中研究了带来 FDI 技术溢出的两个可能效应：竞争效应——阻止了内资企业的进入，正的市场外部性——促进了本地工业的发展。Salvador Barrios 等人运用 1972～2000 年爱尔兰制造业的企业面板数据，用半参数回归技术进行估计，检验 FDI 对东道国内资企业进入的影响。研究发现，受 FDI 的影响，内资企业的数量呈 U 形变化。由于竞争效应，跨国公司进入的增加开始阻碍了内资公司的进入，这种初始效应后来被正的外部性所超过，使得 FDI 对当地工业的影响为正。

而对企业层面的面板数据进行实证分析的结果，都显示了外资企业带来了负的技术溢出。如 Kathuria（2000）对印度的研究，Kinoshita（2001）对捷克的研究，Konings（2001）对保加利亚的实证研究，显示了内资企业生产率与外资企业的负相关关系。而 Bosco（2001）对匈牙利的研究，Javorcik（2004）对立陶宛的研究，以及 Sinani 和 Meyer（2004）关于爱沙尼亚的研究则得出统计不显著的结论。

关于 FDI 对中国产业技术溢出的影响，Jimmy Ran（2007）等人对中国 30 个省、19 个行业的面板数据进行回归，结论是中国作为一个整体，并未从 FDI 流入中获得很大的净收益。计量分析的结果发现国际直接投资给中国一些产业带来负的技术溢出。

关于 FDI 与我国经济增长的关系，国内多数的观点比较乐观，少数研究则得出了不同的结论。祖强和梁俊伟（2005）对 15 个行业的时间序列分析显示，FDI 在农、林、牧、渔业等 8 个行业的技术溢出系数为负，这一方面反映了 FDI 在这些领域投入的技术含量不高；另一方面也说明这些行业吸收 FDI 技术溢出的能力有限。李广众、任佳慧（2005）利用我国 2001 年与 2002 年制造业 19 个行业的截面数据对 FDI 的技术溢出效应进行了似不相关分析。估计结果表明，对于国内企业或西部地区而言，外商投资具有显著的行业负效应。

根据以上文献对 FDI 外溢效应的理论阐述，FDI 的外溢效应可以归纳为以下四种渠道：

一是培训效应。跨国公司培训东道国当地雇员。跨国公司对当地雇员的培训涉及各个层次的雇员，既包括高级管理人员和技术人员，也包括流水线上的工人。当在外企受过培训的人员跳槽到内资企业后，来自"三资"企业的技术和管理方式就被带到他们所受聘的内资企业，从而引起技术的外溢。

二是示范效应。指由于跨国公司与内资企业之间存在技术差距，对内资企业产生了示范效应。东道国企业可能通过学习、模仿其行为提高自身技术和生产力水平。外资企业不仅将新设备、新产品或者新的加工方法引入国内市场，还带来了产品选择、销售策略以及管理理念等非物化技术。在某些情况下，内资企业仅仅通过模仿邻近的外资公司就可以提高自己的生产率。

三是联系效应。联系效应被视为一种产业间溢出，包括跨国公司在与当地企业或客户的交往中，与供应商等上游企业发生后向联系以及与销售商等下游企业发生前向联系。后向联系的研究集中于外企与上游当地供应商间的联系。FDI 通过联系效应为内资企业创造了更多的就业机会。

四是竞争效应。拥有先进技术和管理理念的外资企业的进入带来了竞争，可能会损害当地工业的发展，阻止东道国企业的进入。虽然 FDI 竞争的压力会迫使东道国企业进行技术更新,从而促进东道国的技术进步。但是,如果由于 FDI 的竞争降低了本国企业的利润,甚至挤垮了本国企业,本国企业就没有能力进行独立的创新和研发。

二 数据分析与基本模型

(一) FDI 的衡量

尽管将 FDI 作为投入变量有可靠的理论依据,关于 FDI 的经验衡量却不尽相同。FDI/GDP 可用于多国研究,却不适宜本书对单一国家的研究。包含 FDI 流入与流出的总量也不适宜本书,因为本书并不考虑资本流出。本书关于 FDI 的衡量如下:产业的工业增加值为:

$$Y_{i,t} = A_{i,t} F(X_{i,t}) \quad (5-4)$$

式中,i($i=1,2,\cdots,39$)代表不同的产业;$Y_{i,t}$ 指第 i 个产业的工业增加值;$X_{i,t}$ 是投入;$A_{i,t}$ 是技术,可表示为 $A_{i,t} = Aoexp(\alpha FIA_i)$,$FIA_i$ 是同一产业的外资参与均值,是外资与实收资本的比值。

(二) 基本模型

$$\ln Y_{i,t} = C + \beta_1 \ln K_{i,t} + \beta_2 \ln L_{i,t} + \beta_3 FIAI_{i,t} + \varepsilon_{i,t} \quad (5-5)$$

式中,$Y_{i,t}$ 是不同产业的工业增加值,其中 Y 和 K 都是剔除通胀因素后的真实值;$L_{i,t}$ 为各行业从业人员平均人数;ε 是误差项。在方程(5-5)中,β_3 指产业内的溢出效应,如果同一产业的外资参与程度的提高带来了产业效率的提高,β_3 为正。

(三) 数据分析

本章分析使用的数据主要来自 2009 年、2010 年、2011 年我国 37 个行业的有关数据。数据资料来自 2009 年、2010 年、2011 年《中国工业经济统计年鉴》,包括 37 个行业,总样本的观测值有 111 个。

表 5-8 统计了 2009~2011 年的各产业外资平均参与程度(外商资本占实收资本的比)。表中结果显示,各行业的外商投资水平存在很大的差异。外商资本比重最高的橡胶制品业 2011 年、2010 年、2009 年的外资平均参与度分别为 0.6885、0.7032、0.635;最低的石油和天然气开采业 2010 年、2009 年的外资平均参与度仅为 0.076、0.048。

表 5-8 2011年、2010年、2009年外商资本比重的行业比较

行业	外资比重 2011年	外资比重 2010年	外资比重 2009年	行业	外资比重 2011年	外资比重 2010年	外资比重 2009年
煤炭开采和洗选业	0.208	0.246	0.280	橡胶制品业	0.689	0.703	0.635
石油和天然气开采业	0.269	0.076	0.048	塑料制品业	0.424	0.426	0.436
黑色金属矿采选业	0.170	0.106	0.130	非金属矿制品业	0.382	0.408	0.428
有色金属矿采选业	0.240	0.176	0.305	黑色金属冶炼及压延加工业	0.400	0.380	0.406
非金属矿采选业	0.427	0.423	0.400	有色金属冶炼及压延加工业	0.342	0.394	0.380
农副产品加工业	0.467	0.463	0.465				
食品制造业	0.526	0.573	0.535	金属制品业	0.440	0.425	0.414
饮料制造业	0.480	0.512	0.540	通用设备制造业	0.516	0.577	0.596
纺织业	0.352	0.329	0.321	专用设备制造业	0.558	0.571	0.617
纺织服装、鞋、帽制造业	0.306	0.323	0.321	交通运输设备制造业	0.514	0.516	0.535
皮革、毛皮、羽毛（绒）及其制品业	0.306	0.360	0.363	电气机械及器材制造业	0.509	0.499	0.522
木材加工及木、竹、藤、棕、草制品业	0.358	0.417	0.410	通信设备、计算机及其他电子设备制造业	0.558	0.588	0.568
家具制造业	0.326	0.479	0.472	仪器仪表及文化、办公用机械制造业	0.570	0.547	0.589
造纸及纸制品业	0.436	0.482	0.435				
印刷和记录媒介的复制	0.523	0.286	0.293	工艺品及其他制造业	0.359	0.355	0.360
文教体育用品制造业	0.219	0.395	0.377	废弃资源和废旧材料回收加工业	0.401	0.358	0.418
石油加工、炼焦及核燃料加工业	0.397	0.325	0.359	电力、热力的生产和供应业	0.167	0.219	0.249
化学原料及化学制品制造业	0.558	0.580	0.603	燃气生产和供应业	0.336	0.334	0.374
医药制造业	0.516	0.548	0.529	水的生产和供应业	0.468	0.369	0.399
化学纤维制造业	0.266	0.292	0.313				

（四）实证结果

样本数据中截面单元很多而时序长度较短，因此不适宜采取 SUR 方法。考虑到各行业间数据的异方差性，我们选择可行的广义最小二乘法（FGLS）进行回归。

采用面板数据的分析方法,首先需要判断采用混合回归模型还是固定效应回归模型。笔者使用协方差分析方法对此进行检验,构造 F 统计量进行面板模型的判定。具体公式如下:

$$F = \frac{(SSEr - SSEu)/(N-1)}{SSEu/(NT-N-K)} \sim F_\alpha(N-1, NT-N-K)$$

其中,SSEr 表示约束模型,即混合估计模型的残差平方和,SSEu 表示非约束模型即个体固定效应模型的残差平方和。在给定的显著性水平下,如果 $F > F_\alpha(N-1, NT-N-1)$,则拒绝零假设,即选用固定效应模型进行估计。

混合回归的估计结果如下:

$$LnY_{i,t} = C + \beta_1 LnK_{i,t} + \beta_2 LnL_{i,t} + \beta_3 FIA_{i,t} + \varepsilon_{i,t}$$

系数　　　　0.745　　0.505　　-0.123

T 值　　　　36.53　　12.80　　-5.71　　　　　　(5-6)

$R^2 = 0.958$, $Ad-R^2 = 0.957$, $D-W = 0.59$, $SSEr = 26.4$

固定效应模型的回归如下:

$$LnY_{i,t} = C + \beta_1 LnK_{i,t} + \beta_2 LnL_{i,t} + \beta_3 FIA_{i,t} + \varepsilon_{i,t}$$

　　　　　　　　1.46　　-0.021　　-0.088

　　　　　　(27.45)***　(0.192)　(-2.545)***　　(5-7)

$R^2 = 0.999$, $Ad-R^2 = 0.998$, $D-W = 2.51$, $SSEu = 1$

因此,$F = \frac{(SSEr - SSEu)/(N-1)}{SSEu/(NT-NK-K)} = \frac{(26.4-1)/(39-1)}{1/(117-39-3)} = 51.3$,$F_\alpha(N-1, NT-N-1) = F_{0.05}(38, 75) = 1.564$,$F = 51.3 > F_{0.05}(38, 75) = 1.564$,推翻原假设。比较上述两种模型,结论是建立固定效应模型更合理。

其次,要判断是采用固定效应模型,还是随机效应模型。前者指被忽略的变量在各个时间段上对被解释变量的影响是固定的,即截距项是固定参数;后者则指被忽略的变量在各个时间段上对被解释变量的影响是随机的,即截距项是随机的。对于究竟是用固定效应还是随机效应模型,我们通过 Hausman 检验来选择。利用 Eviews6.0 进行 Hausman 检验,检验结果为 Hausman 统计量的值是 44.62,相对应的概率为 0,说明检验结果拒绝了随机效应模型原假设，应该建立个体固定效应模型。

由固定效应模型的回归结果可知，K 的系数表示国内资本投入增加 1%，特定产业的净产出增长 1.46%。K 的系数跟之前的预期是一致的，正值并对产出影响显著。L 的相关系数为 -0.021，T 检验值为 0.192，没有通过显著性检验。对此的可能的解释是中国劳动力的素质不高，劳动效率不高，因而对经济增长的贡献不显著。FIA 的系数显著为负，意味着 FDI 的技术溢出效应为负。这个结果与之前文献的结果显著不同。之前的研究认为 FDI 的技术溢出对产出增长有很大的正的效应。

以上的实证过程利用我国 39 个行业的最新数据研究了 FDI 的产业内技术溢出效应，得出了以下基本结果：

第一，国内投资是影响经济增长的主要因素。中国市场化改革的结果，使得国内投资成为影响我国经济增长的第一位的最重要的因素。

第二，本章对各行业的总体研究，得出 FDI 的技术溢出效应为负的结论。说明在很多行业中，FDI 并没有带来正的技术溢出，而主要是利用中国的市场规模、廉价的劳动力资源，或者通过竞争效应挤垮了内资企业。影响我国 FDI 技术溢出负效应的主要因素为我国国内各产业的竞争程度、国内企业对新技术的吸收能力以及与外资企业的技术差距、外资企业类型等。首先，在竞争充分的产业内 FDI 的溢出效应更为明显，而在竞争并不充分甚至是垄断的行业内，FDI 的溢出效应受到抑制甚至可能为负。其次，FDI 溢出效应的大小在很大程度上依赖于我国企业对新技术的吸收能力。国内企业自身的生产技术水平越高，FDI 的技术溢出效应越显著。而在我国一些行业，企业落后的技术水平严重阻碍了 FDI 溢出效应的产生，使得效应为负。再次，一些学者的理论研究发现，跨国公司与国内企业的技术差距与其溢出效应之间是负相关的关系，原因是先进的生产技术对于落后的国内企业而言可能不适用。由于国内企业的技术水平太低，很可能无法吸收跨国公司所带来的新技术，由此可能导致技术溢出效应变小。如果技术差距进一步扩大，那么跨国公司的溢出效应可能会变得微乎其微，甚至可能产生负面影响。复次，除了国内企业的相关因素外，国家的整体发展水平也对 FDI 的溢出效应产生了较大的影响。FDI 可以成为强有力的推动经济发展的工具，但前提条件是东道国必须具备充足的人力资源、完善的基础设施、稳定的经济环境。

因此，只有最富裕的发展中国家才可能从FDI中受益。最后，外资企业的相关因素也不可避免地影响溢出效应。与出口导向型外资企业相比，市场导向型的外资企业对国内企业的生产效率有着更为明显的正面影响。而在我国吸引的FDI中，大量的外资企业是出口导向型的企业。

第三，由于我国劳动力的数量和质量的原因，劳动力对经济增长的影响并不显著，也要求我国迫切提高劳动力的素质。

本节利用行业的最新年度数据对FDI的技术溢出效应进行了实证研究，得出了和以往研究者不尽相同的结论。当然，所有的结论都是基于本章采用的模型和数据的基础之上。计量模型的设计和技术指标的定义、量化都是其中的影响因素。改革开放以来，我国吸引外商直接投资的基本政策是正确的，但是，在具体的操作过程中，对于行业之间的明显差异也要予以重视并分类指导，这样才能更好地发挥FDI在各个行业的技术溢出效应，提高我国的引资质量。同时，我们必须重视国内资本，毕竟，内资才是影响我国经济增长最重要的第一位的因素。

第四节 结论

通过本章时间序列和分区域面板模型的计量分析，得出以下结论：

第一，全国范围时间序列分析的主要结论是FDI的流入能够减轻我国二氧化碳排放的压力，这个实证结果推翻了本书第二章"二氧化碳的排放与FDI规模效应同向变化"的理论假设。这个结果是由于FDI的技术溢出带来的。FDI进入时不仅带来了资金，同样也引进了技术。总体而言，发达国家的生产技术和工艺流程要优于国内现有水平，而使用国外技术，则在一定程度上减少了我国的碳排放。FDI的流入在一定程度上改善了我国的环境质量。无论是人均GDP还是总的GDP对CO_2排放的影响都是不显著的。分析显示，经济增长并不能自动解决环境问题。

第二，利用ARDL研究经济增长、FDI与碳排放之间的长短期关系，发现：无论在长期还是短期，经济增长与碳排放之间是正相关的关系，经济增长带来了经济规模的扩张和环境的恶化。实证研究发现，短期系数高于长期系数，意味着当前的经济增长依然是高能耗、高污染、高排放的，短期的经济增长恶化了环境。随着政策引导与推动，经济增长方式逐渐向高效能、高效率和高效益的方向转型。但是，从长期看，我国仍未超过环境库兹涅茨曲线的拐点。而在长期内，FDI与CO_2排放是负相关的关系，FDI的流入在一定程度上减缓了我国环境的压力。这一方面是FDI的技术溢出带来的。外企在带来资金和进入国内市场的同时，也带来了资源节约型和环境友好型的环保技术，这给内资企业带来了示范效应和技术溢出，减少了环境压力，降低了二氧化碳的排放。另一方面，我国不断提高外资的准入门槛，加强对外资的环境监测力度，也减少了对环境的压力。FDI短期系数低于长期系数，意味着FDI改善环境的效果有滞后效应，主要体现在长期。

　　第三，分东、中、西部区域的面板数据的实证分析发现，FDI对我国碳减排的影响呈明显的东高西低的特征，这与我国FDI区域分布的特征是一致的。东部地区的FDI对其二氧化碳排放显著负相关，系数达3.167；中部地区的FDI虽与碳排放负相关，但显著性不高；西部地区的FDI与碳排放的关联性很小。结果发现，东部的能耗强度低于中西部。这说明东部地区的能源利用的技术水平高于中西部，东部的能源利用效率高于中西部。

第六章　FDI 影响我国碳排放的结构效应和技术效应的分析

在关于贸易与环境关系的文献中，通常将贸易对环境的影响分解为规模效应、结构效应和技术效应。这样的分解是由 Grossman 和 Krueger（1991）提出的，他们用于研究 SO_2 和悬浮颗粒物。这种方法被后来的研究者进一步充实和扩展，Antweiler 等（2001）提出了更为正式的理论。Copeland 和 Taylor（2003）将这种方法进一步扩展了。Cole（2006）将这种分析框架应用于能源利用，因为能源利用是大多数空气污染物的主要来源。本章将这种分析框架用于分析 FDI 对碳排放的影响。关于 FDI 影响我国排放的规模效应，本书第五章已经进行了分析，因此本章的重点在于分析 FDI 影响我国碳排放的结构效应和技术效应。

第一节　FDI 结构效应与技术效应的因素分析

关于碳排放的因素分解方法，大体上分为两类，一类是基于投入产出表的结构性因素分解方法（SDA），另一类是指数因素分解方法（IDA）。比较起来，指数因素分解方法更加方便实用。20 世纪七八十年代，拉氏分解方法比较流行，而自 90 年代以来，迪氏分解方法占据了主导地位。基于以上理论方法，本章采取以下简化模型：

$$C_t = \sum Y_t \times S_{it} \times I_{it}$$

式中，C 为碳排放量，Y 为国内生产总值，代表规模效应，S_{it} 指第 i 行业总产值占全国 GDP 的比重，代表行业结构效应，I_{it} 为第 i 行业碳排放强度，代表技术效应。本研究采用平均分配余量的方法计算规模、结构、技术效应对碳排放的贡献率，见表6-1。数据来源于《中国能源统计年鉴》和《中国统计年鉴》。

表6-1 二氧化碳排放中各效应的贡献率

单位：%

年份	规模效应	结构效应	技术效应
2000~2001	24.20	-0.14	-2.84
2001~2002	16.20	-0.07	-2.77
2002~2003	10.30	-0.48	10.10
2003~2004	6.50	0.01	12.11
2004~2005	6.05	-0.79	31.70
2005~2006	10.40	0.69	-0.81
2006~2007	10.10	-0.20	-0.82
2007~2008	9.60	-0.20	-0.23
2008~2009	13.13	-0.05	0.23
2009~2010	17.50	-0.89	-1.34
2010~2011	14.34	-4.13	1.91

第二节 FDI影响碳排放的结构效应

一 FDI在我国三次产业的分布

FDI通过投资于东道国的不同部门，从而影响东道国的产业结构。FDI在我国各产业之间的分布表现出以下特征。

（一）我国FDI产业分布的非均衡特征

FDI从改革开放开始进入中国，从三次产业分布情况看，主要投资于第二产业，主要是制造业，其次投资于第三产业，投资于第一产业的外资很少，根据《中国统计年鉴》的数据，2011年，三大产业实际利用FDI的金额分别为200888万美元、5574870万美元、5825342万美元，见表6-2。从FDI在我国的产业分布变动图（见图6-1）中，我们可以看到，FDI在我国各产业的分布呈现不均衡的特征，第一产业所占比重极低，且基本稳定在1%左右。第二产业所占比重最大，占60%左右。甚至在2005年之前，FDI

在第二产业的投资占总投资的70%以上。而在第二产业中，制造业集中了绝大部分的FDI。从图中我们发现，近些年，第二产业的实际利用外资比重呈现下降的趋势。外商在第三产业的实际直接投资额所占比重逐年上升，到2011年，外商在第三产业的实际直接投资额所占比重甚至超过了第二产业。2011年，FDI在农业部门的投资极少，比重仅占2%左右。FDI在第二产业投资所占比重为48%，低于服务业，服务业吸引了50%的外资。

表6-2 外商直接投资产业结构分布（外商实际直接投资额）

单位：万美元

年份	第一产业	第二产业	第三产业
1999	71015	2777980	1182876
2000	67594	2957499	1046388
2001	89873	3479795	1118091
2002	102764	3946489	1225033
2003	100084	3917919	1332464
2004	111434	4546306	1405258
2005	71826	4469243	1491400
2006	59945	4250660	1991456
2007	92407	4286105	3098277
2008	119102	5325624	3794818
2009	142873	5007582	3852817
2010	191195	5386037	4996292
2011	200888	5574870	5825342

资料来源：《中国统计年鉴》。

（二）FDI在产业内部的分布失衡逐渐改善

FDI在服务业的投资主要集中于房地产业和社会服务业。20世纪80年代，外商对我国房地产业和社会服务业的投资额占整个第三产业的60%左右，到20世纪90年代上升为70%左右；在1998年末登记注册的外资企业中，房地产业和社会服务业的外资企业在注册资本、外方注册资本和投资总额中均占70%多。而进入21世纪，房地产业所占比例迅速下降，为第三产业的50%左右。2007年，FDI在第三产业的投资额占该行业总投资额的55%。可见外资在服务业的实际投资虽然集中于房地产行业，但投资比重不断下降，呈现逐年改善的特征。而在第二产业中，制造业集中了绝大部分的

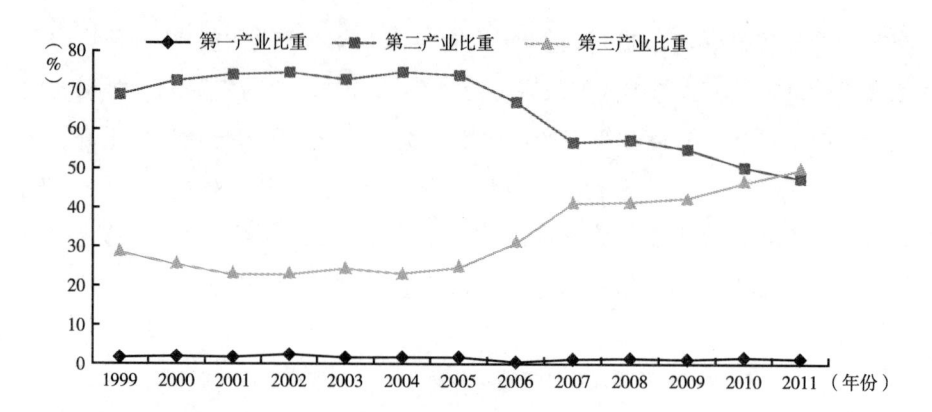

图 6-1 外商直接投资在我国的产业分布变动：1999~2011 年

资料来源：根据《中国统计年鉴》数据整理得到。

FDI。如 2008 年，FDI 主要集中于第二产业，约占 60%，尤其是制造业吸引了 54% 的 FDI（见图 6-2）。但 FDI 在制造业的非均衡呈现逐年改善的趋势。如在 2003 年，外商在制造业投资主要集中在电子及通信设备、交通运输设备、化工原料及化学制品、机械设备、非金属矿物制品业，其占整个制造业利用外资比重的 46.32%。到 2009 年，外商除了在通信设备、计算机及其他电子设备制造业（8%），交通运输设备（7.6%），电气机械及器材（6%），化工原料及化学制品（6.7%）等行业继续保持重点投资外，在电力、热力的生产和供应业也有了 6% 的实际投资比重。可见，FDI 在制造业内部的投资结构呈现逐渐改善的走势。

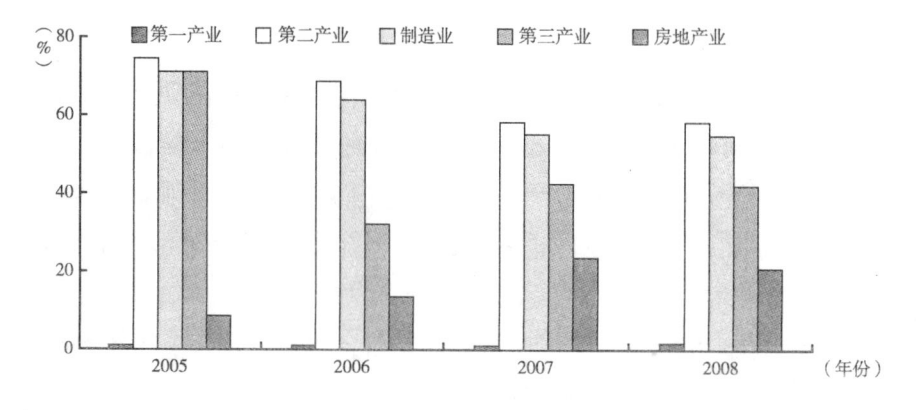

图 6-2 FDI 在我国的产业分布

二 FDI 在工业部门中的行业参与度分析

根据表 5-8，连续三年外资参与度超过 40% 的行业有：非金属矿采选业，医药制造业，橡胶制品业，塑料制品业，农副产品加工业，食品制造业，金属制品业，饮料制造业，通用设备制造业，专用设备制造业，交通运输设备制造业，电气机械及器材制造业，通信设备、计算机及其他电子设备制造业，仪器仪表及文化、办公用机械制造业，造纸及纸制品业，化学原料及化学制品制造业。

三 FDI 产业碳关联度分析

根据谭丹等（2008）对碳排放与产业发展所进行的灰色关联度的研究，碳关联系数衡量了各产业与碳排放之间的相关度。碳关联系数越高，表明产值与碳排放相关度越大。工业各行业的碳关联系数见表 6-3。

表 6-3 工业各行业产值与碳排放量之间的关联系数

行业	碳关联系数	行业	碳关联系数
采掘业	0.68	化学纤维制造业	0.73
食品、烟草加工及食品、饮料制造业	0.53	塑料制品业	0.59
纺织业	0.59	非金属矿物制造业	0.59
皮革、毛皮、羽毛（绒）及其制品业	0.60	黑色金属冶炼及压延加工业	0.69
造纸及纸制品业	0.60	金属制品业	0.65
石油加工及炼焦业	0.75	机械、电气、电子设备制造业	0.70
化学原料及化学制品制造业	0.63	电力、煤气及水生产和供应业	0.76
医药制造业	0.59		

资料来源：谭丹等：《我国工业行业的产业升级与碳排放关系分析》，《四川环境》2008 年第 1 期。

大于 0.7 的碳关联系数表明该产业产值与 CO_2 排放高度相关。由表 6-3，碳关联系数大于等于 0.75 的行业有石油加工及炼焦业，电力、煤气及水生产和供应业，外资在这两大行业的参与度低。机械、电气、电子设备制造业和化学纤维制造业的碳关联系数都在 0.7 及以上，而这两大行业的外资比重较高，分别在 30% 和 40% 左右。碳关联系数介于 0.6~0.7 之间，表明产值与碳排放较高度相关。这些行业中除采掘业和黑色金属冶炼及压延加工业外资参与度较小外，其他行业（造纸及纸制品业，皮革、毛皮、羽绒及其制品业，化学原料及化学制品制造业，金属制品业）外资参与度较高，皮革、毛皮、羽毛（绒）及其制品业高达50%以上。碳关联系数小于0.6表明产值与碳排放一般相关，这些行业（食品、烟草加工及食品、饮料制造业，纺织业，医药制造业，塑料制品业，非金属矿物制造业）的外资参与度均高于20%。

2011年，外资参与度最高的十大行业分别为：橡胶制品业，仪器仪表及文化、办公用机械制造业，化学原料及化学制品制造业，通信设备、计算机及其他电子设备制造业，专用设备制造业，食品制造业，印刷和记录媒介的复制，通用设备制造业，医药制造业，交通运输设备制造业。这十大行业中，橡胶制品业的碳关联系数为0.63，仪器仪表及文化、办公用机械制造业的碳关联系数为0.70，通信设备、计算机及其他电子设备的碳关联系数为0.7，化学原料及化学制品制造业的碳关联系数为0.63，专用设备制造业的碳关联系数为0.70，食品制造业的碳关联系数为0.53。其他行业的碳关联系数都较低。

可见在制造业，受我国能源政策的限制和要求，FDI极少在采掘业和能源行业投资，外资主要投资于其他一般行业。相对内资而言，外资的碳关联度稍低，FDI通过结构效应减缓了二氧化碳排放。

第三节　FDI影响碳排放的结构效应与技术效应的实证分析

根据Kaya教授在IPCC会议上提出的Kaya恒等式（1989），碳排放量的基本分解公式为：

$$C = \frac{GDP}{POP} \times \frac{TEC}{GDP} \times \frac{C}{TEC} \times POP$$

其中，C是二氧化碳排放，TEC是总的能源消费，GDP是国内生产总值，POP是人口。$\frac{GDP}{POP}$表示人均国内生产总值，$\frac{TEC}{GDP}$表示单位GDP能源消耗，$\frac{C}{TEC}$ 表示能源结构碳强度。单位 GDP 能源消费水平表示一国能源利用水平，是直接反映能源技术的变量。能源结构碳强度显示了能源消费结构变化，反映能源消费结构变化对碳排放的影响。因此，对能源结构碳强度和单位 GDP 能源消耗及 FDI 进行实证分析，可以用来研究检验 FDI 影响碳排放的结构效应和技术效应。数据时间跨度为 1978～2011 年，二氧化碳排放量数据来源于 CDIAC，其他数据来源于《中国统计年鉴》《中国能源统计年鉴》，GDP 和 FDI 都折算成实际值。各变量取其对数形式，变量 Ln（C/TEC）、Ln（TEC/GDP）和 Ln（FDI）的数据见表 6-4。

表 6-4 变量数据

年份	Ln(C/TEC)	Ln(TEC/GDP)	Ln(FDI)	年份	Ln(C/TEC)	Ln(TEC/GDP)	Ln(FDI)
1978	-0.3598574	2.752158		1995	-0.370693	2.383045	1.83070
1979	-0.3627011	2.741962		1996	-0.358739	2.350911	1.83712
1980	-0.4097705	2.733242		1997	-0.362176	2.341157	1.82652
1981	-0.4066904	2.697166		1998	-0.406938	2.352108	1.75435
1982	-0.3648283	2.742404		1999	-0.440527	2.396613	1.56075
1983	-0.3734212	2.794072	-2.0987	2000	-0.449320	2.411181	1.48958
1984	-0.3594956	2.816746	-1.6407	2001	-0.458396	2.423812	1.55063
1985	-0.3575882	2.797615	-1.2113	2002	-0.459094	2.476095	1.58158
1986	-0.3597488	2.804585	-0.9968	2003	-0.438569	2.592739	1.50038
1987	-0.3630123	2.823211	-1.0006	2004	-0.429425	2.675386	1.52929
1988	-0.3640912	2.779872	-0.7852	2005	-0.432746	2.729407	1.41467
1989	-0.3892130	2.739303	-0.7531	2006	-0.439316	2.791712	1.30392
1990	-0.3858553	2.701020	-0.5241	2007	-0.453118	2.799140	1.29515
1991	-0.3869590	2.684765	-0.2801	2008	-0.429516	2.762628	1.32422
1992	-0.3953275	2.656569	0.54677	2009	-0.380356	2.819545	1.19361
1993	-0.3903968	2.576063	1.37605	2010	-0.362976	2.813208	1.24596
1994	-0.3864075	2.445037	1.86052	2011	-0.336841	2.80705	1.20285

一 平稳性检验

为避免时间序列的"伪回归"，首先要对序列做单位根的平稳性检验，以测度变量是否满足协整检验的前提条件。下文采用 ADF 检验分别对 Ln（C/TEC）、Ln（TEC/GDP）和 Ln（FDI）进行单位根检验，以考察 Ln（C/TEC）、Ln（TEC/GDP）和 Ln（FDI）是否存在单位根（见表 6-5）。

表 6-5 变量的 ADF 检验结果

变量	检验形式(c,t,SIC)	ADF 统计值	伴随概率 P 值	结论
Ln(C/TEC)	(c,0,SIC)	0.3589	0.7818	不平稳
Ln(TEC/GDP)	(c,0,SIC)	-2.1570	0.2255	不平稳
Ln(FDI)	(c,0,SIC)	-1.0280	0.2645	不平稳
DLn(C/TEC)	(0,0,SIC)	-5.0356	0.0002	平稳
DLn(TEC/GDP)	(0,0,SIC)	-2.0460	0.0410	平稳
DLn(FDI)	(0,0,SIC)	-2.0840	0.0381	平稳

由表 6-5 可以看出，Ln（C/TEC）、Ln（TEC/GDP）和 Ln（FDI）这三个变量的水平序列是不平稳的，而一阶差分序列是平稳的。三个变量都是一阶单整的，记为 I（1）。

二 协整分析

讨论序列协整的前提是各序列为平稳时间序列，所以第一步是对序列做单位根检验。由前面所做的变量平稳性检验可知，序列 Ln（C/TEC）、Ln（TEC/GDP）和 Ln（FDI）都是非平稳的，而其各自的一阶差分序列 DLn（C/TEC）、DLn（TEC/GDP）和 DLn（FDI）均为平稳的，即序列 Ln（C/TEC）、Ln（TEC/GDP）和 Ln（FDI）为一阶平稳序列，满足协整检验的条件，故可对变量进行协整检验。

本章对多变量的协整检验采用极大似然估计法中最常用的 Johansen 检验。Johansen 检验的基本步骤如下：首先在 VAR 系统回归中构造两个残差的积矩阵，计算矩阵的有序特征值，然后根据特征值得出一系列的统计量，以判断协整关系存在与否及协整关系的个数。由于 Johansen 检验对于滞后期非常敏感，所以本章采用 AIC 和 SC 信息准则确定最优滞后阶数为 K=4（见表 6-6）。

第六章 FDI影响我国碳排放的结构效应和技术效应的分析

表6-6 滞后阶数检验结果

滞后期	LogL	LR信息准则	FPE信息准则	AIC信息准则	SC信息准则	HQ信息准则
0	50.62196	—	2.15e-06	-4.535424	-4.386207	-4.503040
1	109.3139	95.02512	1.92e-08	-9.267995	-8.671125	-9.138459
2	130.3292	28.02032*	6.53e-09	-10.41230	-9.367781	-10.18562
3	144.7428	15.09999	4.63e-09	-10.92789	-9.435711	-10.60405
4	165.5964	15.88847	2.18e-09*	-12.05680*	-10.11698*	-11.63581*

由表6-6可知，5个评价指标中，4个指标认为应建立VAR（4）模型，1个指标认为应建立VAR（2），因而确定建立VAR（4）模型。

检验时从不存在协整关系的零假设开始，逐步进行检验，使用迹统计量检验的结果见表6-7，使用最大特征值检验的结果见表6-8。两种方法的检验结果是一致的。

表6-7 协整的迹检验结果

假设 协整的个数	特征值	迹统计量	0.05 临界值	P值**
None*	0.971222	93.84882	29.79707	0.0000
At most 1*	0.624397	22.88622	15.49471	0.0032
At most 2	0.152181	3.301759	3.841466	0.0692

表6-8 协整的最大特征值检验结果

假设 协整的个数	特征值	最大特征值 统计量	0.05 临界值	P值**
None*	0.971222	70.96259	21.13162	0.0000
At most 1*	0.624397	19.58447	14.26460	0.0065
At most 2	0.152181	3.301759	3.841466	0.0692

表6-7和表6-8都说明，无论是Johansen检验的迹检验还是最大特征值检验，对应没有协整关系的原假设，检验统计量都大于1%显著性水平下的临界值，这意味着可以在99%的置信水平下拒绝无协整关系的假设，说明Ln（C/TEC）、Ln（TEC/GDP）和Ln（FDI）这三个变量之间存在协整关系；对应只有两个协整关系的原假设，检验统计量的值都小于5%显著性

水平下的临界值，意味着最多存在两个协整向量的原假设不能被拒绝。因此，Ln（C/TEC）、Ln（TEC/GDP）和 Ln（FDI）这三个变量只有两个协整向量关系。

它们之间的协整方程为：

$$Ln(C/TEC) = -0.164880 Ln(FDI) - 1.757469 Ln(TEC/GDP)$$
$$(0.02042) \qquad\qquad (0.15587)$$

式中，括号内的数字为标准差，估计方程的似然比为 180.9806。

由上述协整方程可以看出，FDI 的系数为 -0.164880，表明 FDI 每增加 1%，将使能源结构碳强度下降 0.16488%。可见，FDI 影响我国碳排放的结构效应为负，FDI 通过结构效应减少了碳排放。而 FDI 对单位 GDP 的能耗的影响为负，可见 FDI 影响我国碳排放的技术效应为负，FDI 通过技术外溢能够减少二氧化碳排放。

三 Granger 因果关系检验

JJ 协整检验证实了 Ln（C/TEC）、Ln（TEC/GDP）和 Ln（FDI）这三个变量之间存在长期协整关系，但是，具体方向的因果关系仍不明确。为了研究这三个变量之间具体的因果关系，下面利用格兰杰因果检验分析它们之间的因果关系。Ln（C/TEC）、Ln（TEC/GDP）和 Ln（FDI）这三个变量之间的格兰杰因果关系的检验结果见表 6-9。

表 6-9 变量因果关系检验结果

零假设	滞后期	F 统计量	P 值	结论
Ln（FDI）不是 Ln（C/TEC）的格兰杰原因	1	1.47257	0.2384	接受
	2	1.22579	0.3169	接受
	3	1.61976	0.2268	接受
	4	1.42057	0.2861	接受
Ln（C/TEC）不是 Ln（FDI）的格兰杰原因	1	4.34626	0.0495	拒绝
	2	2.45053	0.1145	接受
	3	1.00088	0.4195	接受
	4	0.45762	0.7654	接受

续表

零假设	滞后期	F 统计量	P 值	结论
Ln(TEC/GDP)不是 Ln(FDI)的格兰杰原因	1	0.09019	0.7669	接受
	2	0.37434	0.6930	接受
	3	2.08883	0.1447	接受
	4	3.95125	0.0285	拒绝
Ln(FDI)不是 Ln(TEC/GDP)的格兰杰原因	1	0.20811	0.6529	接受
	2	1.35515	0.2830	接受
	3	1.35117	0.2955	接受
	4	1.67945	0.2189	接受
Ln(C/TEC)不是 Ln(TEC/GDP)的格兰杰原因	1	0.32791	0.5718	接受
	2	1.09473	0.3514	接受
	3	0.71706	0.5534	接受
	4	0.66447	0.6252	接受
Ln(TEC/GDP)不是 Ln(C/TEC)的格兰杰原因	1	1.13276	0.5718	接受
	2	1.11934	0.3436	接受
	3	0.93791	0.4408	接受
	4	1.62564	0.2136	接受

由表6-9可知，在滞后1~4期，10%的显著性水平下，FDI不是能源结构二氧化碳排放强度的格兰杰原因，FDI也不是能源消费强度的格兰杰原因。虽然FDI和二氧化碳排放强度与能耗强度之间存在长期的负向的协整关系，但它们之间并不存在长期的格兰杰因果关系。

四 脉冲响应分析

脉冲响应函数刻画了内生变量对误差变化大小的反应。具体地说，它刻画的是在误差项上加一个标准差大小的冲击对内生变量的当期值和未来值所带来的影响。运用脉冲响应分析方法，通过计算一个标准差大小的 Ln（FDI）的冲击分别对 Ln（C/TEC）、Ln（TEC/GDP）的影响，可以清楚地分析 Ln（C/TEC）、Ln（TEC/GDP）和 Ln（FDI）的动态特征，见图6-3。

由图6-3可知，对于 Ln（FDI）一个标准差的冲击，Ln（C/TEC）的反应最初为正，在第二期达到峰值0.0025。然后掉头向下，并逐渐向水平轴靠近，趋势不断减弱。由图6-3又可知，对于 Ln（FDI）一个标准差的

脉冲响应图

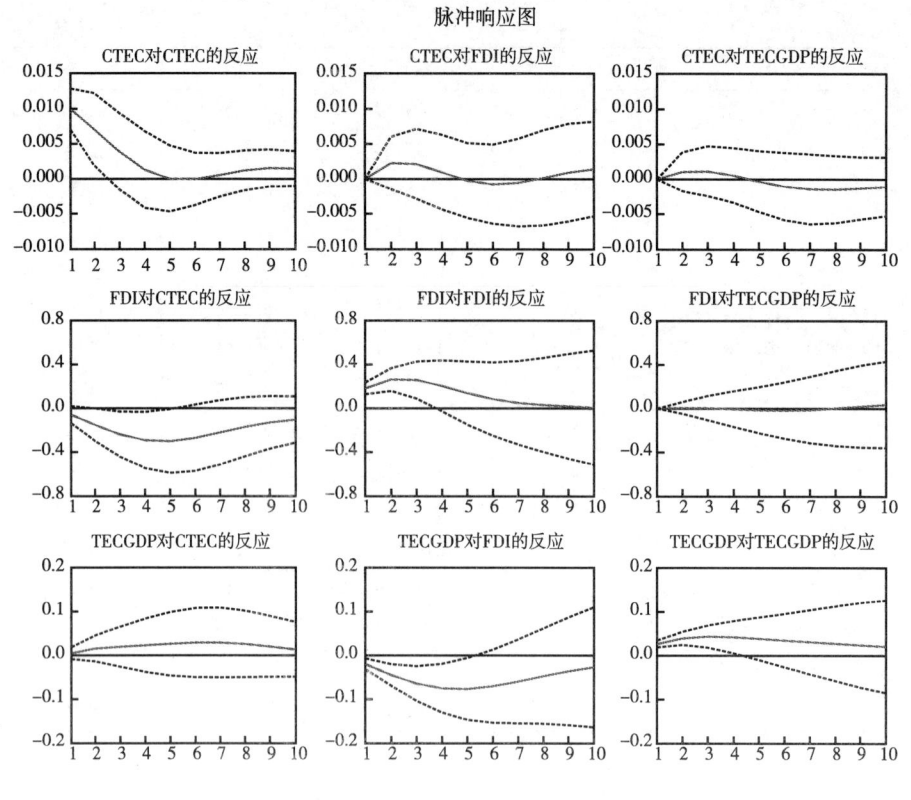

图 6-3 Ln（C/TEC）、Ln（TEC/GDP）和 Ln（FDI）间的脉冲响应

冲击，TEC/GDP 在第 1 期下降了 0.2%，在第 4 期减少幅度达到最大，为 0.8%，随后下降幅度逐渐减小。

第四节 结论

第一，我国 FDI 产业分布的非均衡特征。从三次产业分布情况看，FDI 主要投资于第二产业，主要是制造业，其次投资于第三产业，投资于第一产业的外资很少。而 FDI 在产业内部的分布失衡逐渐改善。

第二，从 FDI 在工业部门中的行业参与度分析发现，外资参与度最高的十大行业分别为：橡胶制品业，仪器仪表及文化、办公用机械制造业，化学原料及化学制品制造业，通信设备、计算机及其他电子设备制造业，专用设备制造业，食品制造业，印刷和记录媒介的复制，通用设备制造业，医药制造业，交通运输设备制造业。在这些行业，相对内资而言，外资的碳关联度稍低，FDI通过结构效应减缓了二氧化碳排放。

第三，从FDI结构效应与技术效应的实证检验来看，虽然通过格兰杰因果检验得到，FDI并不是能源结构碳强度和能耗强度减小的格兰杰因果原因。但是，Johansen协整检验发现，FDI与能源结构碳排放强度和能源消费强度存在长期的负向协整关系。并且，脉冲响应分析显示，FDI对能源结构碳强度和能耗强度具有负向冲击。因此通过实证检验可得，FDI进入有利于我国能源结构碳强度和能源消费强度的降低，通过结构效应和技术效应有助于减缓我国的二氧化碳排放。

第四，根据本章的实证研究，本书第二章中"FDI的结构效应增加我国的碳排放"这一理论假定没有通过实证检验，原因在于，根据目前我国的国情，吸引外资既重视量，更重视质，鼓励技术密集型、知识密集型外资的进入，我国近年来不断提高外资准入门槛。并且，外资参与度最高的十大行业中，外资的碳关联度要低于内资。而本书第二章中"FDI的技术效应减缓了我国碳排放"这一理论假定被实证检验证明是真实的。

第七章 经济增长与我国碳排放：基于环境库兹涅茨曲线的分析

第一节 引言

环境库兹涅茨曲线（EKC）的基本含义为：在区域经济发展的初期成长阶段，由于人口增长较快、工业生产技术相对落后和资源浪费严重，造成了环境污染的不断加剧。随着经济的发展，以科技进步为主导的产业发展对经济的贡献作用越来越突出，人们控制环境污染的意识和能力亦逐渐增强，污染物排放逐步趋缓，环境质量会得以改善（杜婷婷等，2007）。CO_2环境库兹涅茨曲线（以下简称 EKC）总结了二氧化碳排放量和人均 GDP 之间的倒 U 形关系。

由于矿物能源的燃烧释放出巨额的二氧化碳，二氧化碳排放量列为全球变暖的主要动因之一。尽管全球在共同努力实施有国际约束力的协定如《京都议定书》，全球温室气体排放量仍在增加，二氧化碳排放量和人均收入的转折点还没有确定。那么碳排放与收入的脱钩是否出现在某一收入水平上？这是正在进行工业化的发展中大国检验二氧化碳排放量的环境库兹涅茨假说的主要动机。从理论的角度来看，倒 U 形关系更适合氮氧化物和二氧化硫等传统的空气污染物，而不是二氧化碳排放量。然而，这些空气污染物只具有局部的影响，而二氧化碳排放导致全球性的问题，全球变暖产生的社会成本跨越时间和国家。

EKC 曲线最主要的局限性在于经济增长对环境的恢复是不够的。人均收入低的国家污染加剧，而工业化国家污染在减轻，并不意味着经济发展会自动解决环境问题。对单一国家的时间序列数据的研究，能够从历史经验中解释经济增长对碳排放的影响。

第二节　实证模型

一　碳排放的相关指标

在考虑环境－收入不同的函数形式之前，我们谈论以下被解释变量。4种指标经常被用于表示碳排放：①人均碳排放；②总产出排放；③环境的污染程度；④总排放。最常使用的指标是人均碳排放。本章选择的指标是CO_2总排放。原因在于：①《京都议定书》的排放目标是每年总排放，而不是人均排放；②既然带来CO_2排放增加的主要原因之一是运输，碳排放不应该与工业化产出相联系；③污染水平对研究局部的污染是有用的，但对研究全球的污染是不合适的。

二　EKC 的函数形式

第一部分中提到了 EKC 的三种形式：线性、倒 U 形和 N 形。

$$CO_{2t} = \beta_0 + \beta_1 Y_t + \beta_2 Y_t^2 + \beta_3 Y_t^3 \tag{7-1}$$

如果 $\beta_1 > 0$，$\beta_2 = \beta_3 = 0$，那么函数是线性的；

如果 $\beta_1 > 0$，$\beta_2 < 0$，$\beta_3 = 0$，那么函数是倒 U 形的；

如果 $\beta_1 > 0$，$\beta_2 < 0$，$\beta_3 > 0$，那么函数是 N 形的。

三　除了收入以外的解释变量

一是贸易（检验"污染天堂"假说）；二是结构变迁，考虑了结构效应。

对于正在进行工业化的国家，出口似乎与 GDP 是序列相关的。例如，如果出口增长，只有当技术效应超过规模效应时总排放才减少。另外，如果"污染天堂"假说成立的话，出口会加重碳排放。对中国这样一个开放的大国，贸易对碳排放的影响更为深远。

在以前的文献研究中，衡量一个国家的开放度有不同的贸易标准，有出口制造品产出/国内制造品产出、（进口+出口）/GDP、人均出口量、实际出口总额等。本章应用实际出口总额作为解释变量。

反映结构变迁的变量，很难找到令人信服的统计数据，结构变迁可能是政治体制变化的结果。作为转型的经济体，中国的产业结构正在经历剧烈的变化。在过去的30年，中国工业部门迅猛扩张，农业部门收缩。因此，本章应用农业实际产出来分析其对碳排放的影响。

第三节　检验中国经济增长与碳排放关系的 EKC 模型

一　经验模型

借鉴 Birgit Friedl 和 Michael Getzner（2003）的模型，本章应用以下模型来检验 EKC 假说：

$$CO_{2t} = f(Y_t, X_t, A_t) \qquad (7-2)$$

式（7-2）中，CO_{2t} 指第 t 年的 CO_2 排放，Y_t 代表人均 GDP，X_t 代表实际出口总额（以 1978 年为基期），A_t 表示实际农业产值（以 1978 年为基期）。

实际人均 GDP（以 1978 年为基期）、实际出口总额（以 1978 年为基期）、实际农业产值（以 1978 年为基期）的数据由《中国统计年鉴》整理得到，见表 7-1。

表 7-1　人均 GDP、出口总额与农业产值：1978~2011 年（以 1978 年为基期）

年份	实际人均 GDP(元)	实际出口总额(亿元)	实际农业产值(亿元)
1978	381.23	167.6000	1027.534543
1979	395.15	196.7472	1197.164664
1980	409.80	233.7767	1311.774203
1981	419.02	301.0880	1394.103151
1982	418.13	310.7817	1424.678905
1983	422.50	296.9539	1463.899757
1984	443.44	341.4740	1518.222121
1985	488.84	419.3569	1650.556646

续表

年份	实际人均GDP(元)	实际出口总额(亿元)	实际农业产值(亿元)
1986	511.83	515.398	1737.272798
1987	538.32	627.471	1923.597641
1988	603.46	677.672	2242.756291
1989	655.05	720.988	2401.329375
1990	692.84	1059.887	2654.900371
1991	740.65	1244.313	2736.194402
1992	801.37	1330.888	2869.876421
1993	922.84	1319.771	3253.620836
1994	1113.20	2301.571	4300.527806
1995	1265.83	2479.046	5192.349189
1996	1347.19	2276.053	5705.506232
1997	1367.61	2510.365	5680.341746
1998	1355.45	2337.663	5631.080605
1999	1338.19	2305.729	5460.109433
2000	1365.39	2715.248	5395.205218
2001	1393.42	2676.036	5542.026808
2002	1401.79	3001.646	5643.758990
2003	1438.07	3673.699	5787.356678
2004	1537.69	4515.690	6706.969101
2005	1595.66	5217.031	6673.401381
2006	1653.20	5787.618	6814.857874
2007	1785.56	6227.469	7822.312983
2008	1924.51	6080.117	8739.027239
2009	1912.47	4400.141	8767.415776
2010	2039.48	5197.781	9675.171991
2011	2197.58	5476.423	10872.589810

二 CO_2 排放时间序列：平稳性与协整分析

为了检验解释变量与被解释变量时间序列的平稳性，本章应用 ADF 检验。H_0 假设指被解释变量 CO_{2t} 的水平值的非平稳性在任何合理的显著性水平下都不能被拒绝。我们用 ADF 检验来检验时间序列的平稳性，我们得到在 1% 的显著性水平上拒绝 H_0。定性地讲，中国碳排放的时间序列不能独立于时间。相反，时间序列显示碳排放随时间而向上增长的趋势。

我们将 1978~2011 年的时间序列进行 ADF 检验，先检验被解释变量 CO_2 的平稳性。检验结果显示，时间序列的水平值是不平稳的，时间序列的一阶差分也是不平稳的，变量 CO_2 的二阶差分是平稳的，H_0 被拒绝。

我们接着检验解释变量 Y_t、A_t、X_t 的平稳性。人均收入的水平值是非平稳的，一阶差分也是非平稳的，人均收入的二阶差分是平稳的；出口的水平值是非平稳的，一阶差分是平稳的；结构变量的水平值是非平稳的，一阶差分是平稳的。

以上的结果显示解释变量与被解释变量的时间序列都是非平稳的，这样的回归会带来错误的结果。如果时间序列是协整的，协整回归的残差是平稳的，OLS 估计是合适的。因此，下面我们检验两个主要变量 CO_{2t} 与 Y_t 的协整关系。

检验双边的协整通常用协整回归。方程估计如下：

$$CO_{2t} = \alpha + \beta Y_t + \varepsilon_t \qquad (7-3)$$

进行协整检验是对方程的估计残差进行平稳性检验，如 ADF 检验。

表 7-2 显示了 CO_{2t} 与 Y_t 的协整检验结果。Y_t 的协整回归系数显著为

表 7-2　GDP 与 CO_2 排放的协整检验

解释变量	被解释变量	
	CO_{2t}	$d(r_t)$
截距项	9644.186	
	(1.60)	
Y_t	72.66***	
	(13.26)	
r_{t-1}		-0.2049***
		(-3.7371)
$d(r_{t-1})$		0.9246***
		(5.7515)
$A-R^2$	0.8584	
S. E. of regression	14827	
F-statistic	175.83***	
Log likelihood	-340.68	
ADF Test statistic		-3.737***
1% 临界值		-3.700
5% 临界值		-2.976
H_0		拒绝

注：OLS 估计；*** 为 $P<0.01$，** 为 $P<0.05$，* 为 $P<0.1$。
原假设 H_0：Y_t 与 CO_{2t} 之间不存在协整关系。

正，修正的 R^2 为 0.8584，H_0 被拒绝。表的第二栏显示了协整回归残差的平稳性检验。在不足 1% 的显著性水平下，H_0 假设（无协整）被拒绝（ADF 检验达 3.737，对比 1% 的显著性水平为 3.7）。结果显示残差没有单位根，两个变量是协整的。

表 7-2 的结果显示，中国的碳排放与 GDP 是协整的，OLS 是合适的估计方法。为了估计 EKC 模型，下面我们研究函数形式。

三 模型：估计中国的 EKC

在对不同的时间序列进行分析后，我们来估计 EKC 的经验模型。模型 1（见表 7-3）显然是线性模型，Y_t 的系数是不显著的，线性模型的结果显示被解释变量主要由它的自回归形式所决定，对于解释 GDP 与碳排放之间的关系并不理想。

表 7-3 中国环境库兹涅茨曲线的估计结果

解释变量	中国的碳排放（1978~2011年）			
	模型1(线性)	模型2(倒U形)	模型3(N形)	模型4(N形)
截距项	-2876.161 (-1.551)	-2491.315 (-0.385)	15976.78 (1.38)	-3005.082 (-0.3498)
Y_t	-4.514 (-1.032)	-5.08 (-0.502)	-99.344* (-1.957)	89.227* (1.85)
Y_t^2		0.000403 (0.0622)	0.09* (1.884)	-0.0888* (-1.943)
Y_t^3			-2.95×10^{-6}* (-1.891)	2.55×10^{-5}* (1.757)
X_t			11.568*** (4.759)	
A_t			-2.577 (-0.771)	
$CO_{2\,t-1}$	1.154*** (18.879)	1.150*** (12.782)	1.352*** (9.877)	0.544*** (3.068)
A-R2	0.980	0.99	0.99	0.996
S. E. of regression	4077.82	4155.19	3963.375	2687.816
F-statistic	1280.412	822.117	678.608	988.918
Log likelihood	-290.387	-290.385	-288.379	-275.477
D-W stat.	0.72	0.72	0.888	1.7

注：OLS 估计；*** 为 $P<0.01$，** 为 $P<0.05$，* 为 $P<0.1$。

模型 2 检验倒 U 形的 EKC 假说。倒 U 形的函数形式被拒绝，因为 Y_t^2 的系数不显著。倒 U 形模型估计的结果不如线性。自回归项在解释碳排放上有意义。

以上的结果说明，线性和倒 U 形的模型并不理想，模型 3 验证碳排放与 GDP 之间三次曲线的关系：Y_t 的系数通过了显著性检验，但 D－W 值太小，为 0.888，表明存在着正的自相关。模型 3 给的三次曲线形式是倒 N 形的。

最后，在模型 4 中加入了两个变量来反映中国经济的结构变迁。最后一栏是 N 形函数形式的估计，模型中加入了出口变量 X_t 和农业份额的变量 A_t。模型 4 中，Y_t 的系数通过了显著性检验，相比模型 3，修正的 R^2 值提高了，F 统计量和似然比都提高了，方程的标准差降低了，D－W 统计量接近于 2。估计结果表明，碳排放与 GDP 之间的 N 形关系是合适的。碳排放在初期增长，随后保持不变，最后又增加。由模型 4 可知，加入的两个变量对碳排放有重要的影响。X_t 的系数为正并在 1% 的水平上显著，表明 CO_2 的确通过出口商品"进口"到本国，出口变量的系数为 11.568，表明出口对碳排放的影响较大。同样，中国经济结构的变迁，例如农业份额减少对碳排放增加的影响为负，但没有通过显著性检验，表明碳排放受结构变迁的影响是复杂的。无论如何，N 形的函数估计是最合适的，实际与拟合的碳排放非常接近。

需要我们注意的是，无论哪种模型形式，自回归项都是高度显著的，表明碳排放深受历史排放的影响，历史 CO_2 排放对未来的排放有不容置疑的正的影响。

第四节　结论与政策建议

本章验证了 CO_2 排放与 GDP 之间几种不同的函数形式。结果发现，线性函数形式与倒 U 形函数都是不合适的。线性和倒 U 形模型的系数没有通过显著性检验，因而我国 EKC 模型是倒 U 形的假设被拒绝了。估计结果显示 N 形的函数形式是最合适的，结果显示我国 CO_2 排放与 GDP 之间是 N 形关系。说明我国经济增长并不会自动导致碳排放量的减少，经济增长也并不一定引发碳排放量的增加，这一计量检验的结果推翻了本书第四章中关于"经济增长与我国碳排放是一个正相关的关系"的理论假定。

CO_2 排放不仅决定于经济增长，也决定于开放因素。而且，在中国这样的大的开放的经济体中，出口显著地影响 CO_2 排放。结果发现，出口作为"进口 CO_2"的手段增加了 CO_2 排放。

时间显示，CO_2 排放不会随着 GDP 上升而自动下降。出口份额对碳减排的影响是显著的。因此，致力于"政策引致价格变动"的政策变动如碳税改革似乎是最合适的，因为政府过去采取的环境政策对碳排放没有产生明显的影响。为了履行哥本哈根国际气候会议的义务，必须大幅度调整气候政策。控制碳排放的政策建议如下：

第一，建立和实施环境调控政策。控制经济发展过程带来的碳排放，应建立实施碳排放法律法规和技术标准，设立碳排放的企业准入门槛，建立碳排放交易市场，实施节能减排等政策措施降低碳排放量。

第二，积极推进经济增长方式的转变，实现产业结构高级化发展，并大力发展环保产业。按照"减量化、再利用、资源化"原则和走新型工业化道路的要求，采取各种有效措施，进一步改进产业结构，从而降低碳排放量。

第三，建立低碳贸易体系，实现贸易减排。在我国的出口产品结构中，资源密集型和污染密集型产品占了很大的比例，为此生产的大量碳排放留在国内。为此需要转变出口贸易结构，改变现行的以出口资源密集型和污染密集型产品为主的贸易结构，建立资源节约型和环境友好型的贸易出口结构，构建完善的低碳贸易政策体系。

第四，推行削减碳排放的技术，提高能源利用效率。发展低碳能源和可再生能源，改善能源结构。大力发展可再生能源，可再生能源包括水能、生物质能、风能、太阳能、地热能和海洋能等，可再生能源潜力大、环境污染低、可永续利用，是有利于人与自然和谐发展的重要能源。开发二氧化碳捕捉和封存技术，实现二氧化碳减排。

第八章 FDI、经济增长与碳排放：分行业的研究

第一节 FDI、经济增长与碳排放：分行业的统计分析

根据第六章的分析，我国外商直接投资产业分布呈现非均衡特征。FDI主要投入到第二产业，主要是制造业，其次投资于第三产业，投资于第一产业的外资很少。因此本章实证分析选取的行业为制造业。根据表6-3外商资本比重的行业分析，本章实证分析选取的样本行业为制造业各行业中外资参与度大于10%的行业，包括以下30个行业：食品制造业，农副产品加工业，饮料制造业，纺织业，纺织服装、鞋、帽制造业，皮革、毛皮、羽毛（绒）及其制品业，家具制造业，木材加工及木、竹、藤、棕、草制品业，造纸及纸制品业，印刷和记录媒介的复制，文教体育用品制造业，医药制造业，橡胶制品业，化学原料及化学制品制造业，化学纤维制造业，非金属矿物制造业，塑料制品业，金属制品业，黑色金属冶炼及压延加工业，有色金属冶炼及压延加工业，仪器仪表及文化、办公用机械制造业，通用设备制造业，通信设备、计算机及其他电子设备制造业，电气机械及器材制造业，专用设备制造业，交通运输设备制造业，工艺品及其他制造业，废弃资源和废旧材料回收加工业，燃气生产和供应业，水的生产和供应业。时间跨度为2005～2007年。

为了检验FDI、经济增长等因素对我国制造业各行业CO_2排放的影响情况，本章借鉴Cole等（2008）的模型，构建以下计量模型（8-1）。在控

制其他变量的基础上，本章着重分析各行业 FDI 参与度、人均产出等因素对中国制造业各行业 CO_2 排放的影响。

$$LnC_{it} = LnC_{it-1} + \alpha_{it} + \beta_1 FDI_{it} + \beta_2 LnY_{it} + \beta_3 (LnY_{it})^2 + u_i + \gamma_{it} \quad (8-1)$$

式（8-1）中，LnC_{it} 表示 t 年第 i 个行业的碳排放量的对数值；FDI_{it} 代表 FDI 在各行业的参与度，用 t 年第 i 个行业的外商资本总额与其实收资本的比值表示；LnY_{it} 表示 t 年第 i 个行业的实际人均产出的自然对数，实际人均产出 Y 为各行业每年的不变价增加值比全部从业人员年均人数得到。u_i 和 γ_{it} 分别为不可观察的各产业的个体差异和随机扰动项。α_{it} 为其他控制变量。LnC_{it-1} 为滞后一期的被解释变量。

关于各行业每年的 CO_2 排放量的数值的计算，本章参考了 Pan 等（2008）的方法（该排放系数来源于 CAIT 提供的转换率）：以各行业每年的能源消耗量乘以单位能源使用的碳排放系数。单位能源使用的碳排放系数为 2.13 吨二氧化碳/每吨标准煤。各行业的能源消费总量数据来源于《中国统计年鉴》。

30 个行业 2005~2007 年度的二氧化碳排放见表 8-1。由表 8-1 中可知，2005~2006 年，各行业的 CO_2 排放都在增长，而 2006~2007 年，各行业的 CO_2 排放又都在减少。这可能是由于近年来我国政府大力推行节能减排的政策措施带来的，例如重视调整能源消费结构和提高能源利用效率、改变居民生活用能结构、促进可再生能源利用、完善环境管制政策等。

30 个行业 2005~2007 年的各行业不变价的工业增加值见表 8-2。该表以 1978 年为基期，根据《中国工业经济统计年鉴》数据整理得到。由表 8-2 可知，除了通信设备、计算机及其他电子设备制造业，工业增加值出现下降外（由 2006 年的 334.78 亿元下降到 2007 年的 329.96 亿元），其他 29 个行业的不变价工业增加值，在 2005~2006 年都呈现连续增长的趋势。我们知道，各行业增加值作为解释各行业增长的指标，各行业在经济增长的同时，都伴有碳排放的产生。从表 8-1 和表 8-2 中发现，尽管各行业 2005~2007 年经济增长持续，但相应的各行业的碳排放并没有持续增加，反而出现了下降。

30 个行业 2005~2007 年不变价的外商资本见表 8-3。衡量 30 个行业

表 8-1 各行业二氧化碳排放（2005~2007 年）

单位：万吨

行业	2005 年	2006 年	2007 年
农副产品加工业	4333.27	9229.87	4975.15
食品制造业	2490.94	5305.70	2816.27
饮料制造业	1873.48	3990.51	2087.08
纺织业	10603.89	22586.29	13222.12
纺织服装、鞋、帽制造业	1164.73	2480.87	1440.45
皮革、毛皮、羽毛（绒）及其制品业	660.65	1407.18	799.45
木材加工及木、竹、藤、棕、草制品业	1471.20	3133.66	1765.52
家具制造业	274.41	584.49	314.85
造纸及纸制品业	6973.89	14854.38	7119.90
印刷和记录媒介的复制	584.61	1245.23	689.13
文教体育用品制造业	417.24	888.73	442.36
化学原料及化学制品制造业	47912.38	102053.37	58032.42
医药制造业	2390.69	5092.18	2520.08
化学纤维制造业	2858.45	6088.50	3309.96
橡胶制品业	2299.08	4897.05	2681.93
塑料制品业	3081.71	6564.04	3463.35
非金属矿制品业	40150.37	85520.30	43355.81
黑色金属冶炼及压延加工业	76654.94	163275.01	101759.40
有色金属冶炼及压延加工业	15311.91	32614.37	22761.96
金属制品业	4729.41	10073.64	6033.15
通用设备制造业	4221.92	8992.68	5509.28
专用设备制造业	2646.57	5637.19	3069.63
交通运输设备制造业	4154.44	8848.95	5062.90
电气机械及器材制造业	2537.37	5404.60	3287.49
通信设备、计算机及其他电子设备制造业	3140.49	6689.23	4274.96
仪器仪表及文化、办公用机械制造业	413.60	880.98	551.87
工艺品及其他制造业	2727.84	5810.31	2737.98
废弃资源和废旧材料回收加工业	72.55	154.54	105.33
燃气生产和供应业	1340.71	2855.71	1312.94
水的生产和供应业	1471.83	3134.99	1707.68

表8-2　各行业工业增加值（不变价）（2005~2007年）

单位：亿元

行业	2005年	2006年	2007年
农副产品加工业	146.47	165.02	193.30
食品制造业	62.32	69.34	77.51
饮料制造业	62.13	68.01	78.43
纺织业	172.84	187.28	204.60
纺织服装、鞋、帽制造业	75.74	86.66	94.31
皮革、毛皮、羽毛（绒）及其制品业	50.37	55.43	61.64
木材加工及木、竹、藤、棕、草制品业	27.25	32.40	42.90
家具制造业	20.53	23.68	26.93
造纸及纸制品业	61.15	65.52	72.58
印刷和记录媒介的复制	24.70	26.36	28.81
文教体育用品制造业	20.25	21.97	23.09
化学原料及化学制品制造业	234.27	255.13	305.63
医药制造业	81.60	85.44	95.21
化学纤维制造业	25.89	28.55	33.70
橡胶制品业	31.76	33.79	39.93
塑料制品业	67.85	78.87	88.98
非金属矿制品业	149.78	172.78	201.91
黑色金属冶炼及压延加工业	308.15	331.01	375.03
有色金属冶炼及压延加工业	102.93	151.13	186.44
金属制品业	90.33	105.19	125.34
通用设备制造业	158.26	179.54	212.66
专用设备制造业	89.70	108.52	127.72
交通运输设备制造业	204.33	233.14	290.40
电气机械及器材制造业	190.65	218.23	252.06
通信设备、计算机及其他电子设备制造业	305.23	334.78	329.96
仪器仪表及文化、办公用机械制造业	39.11	45.74	48.43
工艺品及其他制造业	30.45	33.35	38.21
废弃资源和废旧材料回收加工业	3.20	4.48	6.75
燃气生产和供应业	7.18	9.06	12.77
水的生产和供应业	13.96	14.89	15.24

表 8-3　各行业不变价外商资本（2005~2007 年）

单位：亿元

行业	2005 年	2006 年	2007 年
农副产品加工业	20.86	21.01	20.42
食品制造业	22.36	20.64	22.31
饮料制造业	20.47	20.08	20.43
纺织业	47.78	48.18	48.20
纺织服装、鞋、帽制造业	23.45	29.07	25.08
皮革、毛皮、羽毛(绒)及其制品业	17.20	16.89	17.21
木材加工及木、竹、藤、棕、草制品业	6.45	5.51	5.63
家具制造业	8.35	9.01	9.78
造纸及纸制品业	28.35	28.19	28.41
印刷和记录媒介的复制	8.21	7.92	8.34
文教体育用品制造业	11.82	11.77	12.25
化学原料及化学制品制造业	55.19	65.66	72.08
医药制造业	16.92	16.20	17.93
化学纤维制造业	11.00	10.67	11.20
橡胶制品业	14.21	13.66	16.82
塑料制品业	34.56	33.35	33.85
非金属矿制品业	35.17	35.85	38.72
黑色金属冶炼及压延加工业	21.95	23.40	25.96
有色金属冶炼及压延加工业	11.14	12.62	13.87
金属制品业	27.15	28.08	30.45
通用设备制造业	37.66	39.43	42.99
专用设备制造业	21.22	24.01	28.41
交通运输设备制造业	53.78	64.19	70.93
电气机械及器材制造业	53.14	55.26	60.13
通信设备、计算机及其他电子设备制造业	156.44	162.34	176.80
仪器仪表及文化、办公用机械制造业	15.86	15.63	15.53
工艺品及其他制造业	9.61	9.99	9.85
废弃资源和废旧材料回收加工业	0.40	0.56	0.61
燃气生产和供应业	2.47	3.87	5.17
水的生产和供应业	2.45	6.10	6.36

的 FDI，选择各行业各年度的外商资本与港澳台资本之和，换算成实际值（1978 年 = 100）。数据来源为《中国工业经济统计年鉴》。由表 8-3 可知，2005~2007 年，30 个工业行业中大多数行业的不变价外商资本都在增加。而由表 8-1 可知，同时期的二氧化碳排放没有增加反而在减少。这就给我们一个定性的印象，各行业 FDI 的增加并没有增加该行业的 CO_2 排放。

根据表 8-1 计算出的各行业 CO_2 排放量，除以各工业行业相应年份的工业产值，即得到行业碳排放强度，如表 8-4 所示。各行业工业产值的数据来源于《中国工业经济统计年鉴》。

表 8-4 工业行业碳排放强度

单位：吨/万元

行业	2005 年	2006 年	2007 年
农副产品加工业	0.14	0.12	0.10
食品制造业	0.23	0.19	0.16
饮料制造业	0.21	0.17	0.14
纺织业	0.29	0.27	0.24
纺织服装、鞋、帽制造业	0.08	0.07	0.06
皮革、毛皮、羽毛（绒）及其制品业	0.06	0.06	0.05
木材加工及木、竹、藤、棕、草制品业	0.28	0.23	0.17
家具制造业	0.07	0.06	0.04
造纸及纸制品业	0.57	0.49	0.38
印刷和记录媒介的复制	0.14	0.13	0.11
文教体育用品制造业	0.10	0.08	0.07
化学原料及化学制品制造业	0.99	0.86	0.72
医药制造业	0.19	0.16	0.13
化学纤维制造业	0.38	0.33	0.27
橡胶制品业	0.35	0.31	0.26
塑料制品业	0.21	0.18	0.15
非金属矿制品业	1.49	1.22	0.94
黑色金属冶炼及压延加工业	1.26	1.20	1.00
有色金属冶炼及压延加工业	0.66	0.48	0.43
金属制品业	0.25	0.22	0.18
通用设备制造业	0.14	0.12	0.10

续表

碳排放	2005年	2006年	2007年
专用设备制造业	0.15	0.12	0.10
交通运输设备制造业	0.09	0.08	0.06
电气机械及器材制造业	0.06	0.05	0.05
通信设备、计算机及其他电子设备制造业	0.04	0.04	0.04
仪器仪表及文化、办公用机械制造业	0.05	0.05	0.04
工艺品及其他制造业	0.41	0.32	0.24

由表8-4可知，我国工业各行业的碳排放强度在2005~2007年整体上处于不断下降的通道中，这与同时期内我国在逐步限制高耗能和高排放的行业发展政策相一致。在工业各行业中，黑色金属压延业、非金属矿产品制品业、有色金属压延制造业和化学原料制造业的碳排放强度都大于1，原因是这些行业都属于资源性产品的开采和压延等。服装、电气机械、电子通信和仪器仪表等行业具有较小的碳强度。而资源性行业的碳排放强度下降速度较快，如非金属矿制品业从2005年的1.49吨/万元下降到2007年的0.94吨/万元，这主要是行业技术进步的原因。而电子通信、电气机械和服装行业的碳排放强度下降幅度较小。由于这些产品碳强度较低，下降弹性小，而这些产品在整体经济中所占的比重非常大，因此对我国到2020年碳强度下降40%~45%的目标具有大的挑战。

第二节　FDI、经济增长与碳排放：分行业的实证研究

为了检验FDI、经济增长等因素对我国工业碳排放的影响，本节借鉴Cole等（2008）的模型，构建以下计量模型（8-2）。在控制其他变量的基础上，本章着重分析各行业外商直接投资参与度、人均产出等因素对中国工业各行业碳排放的影响。

$$\mathrm{Ln}C_{it} = \mathrm{Ln}C_{it-1} + \alpha_{it} + \beta_1 \mathrm{FDI}_{it} + \beta_2 \mathrm{Ln}Y_{it} + \beta_3 (\mathrm{Ln}Y_{it})^2 + u_{it} + \gamma_{it} \quad (8-2)$$

式中，$\mathrm{Ln}C_{it}$表示t年第i个行业的碳排放量的对数值；FDI_{it}代表外商直接投资在各行业的参与度，用t年第i个行业的外商资本总额与其实收资本的比值表示；$\mathrm{Ln}Y_{it}$表示t年第i个行业的实际人均产出的自然对数，实际人

均产出 Y 为各行业每年的不变价增加值比全部从业人员年均人数得到。u_i 和 γ_{it} 分别为不可观察的各产业的个体差异和随机扰动项。α_{it} 为其他控制变量。LnC_{it-1} 为滞后一期的被解释变量。样本区间为 2005~2007 年。本节的面板数据是"大横截面维度，小时间维度"，被解释变量的滞后项包含在模型中。

数据来源于《中国统计年鉴》《中国工业经济统计年鉴》《中国能源统计年鉴》。

表 8-5 为实证分析的回归结果。

表 8-5　回归结果

解释变量	模型 1 混合估计模型	模型 2 固定效应模型	模型 3 随机效应估计模型
LnC_{it-1}	0.866615*** (13.5123)	0.724484*** (24.38373)	0.828434*** (127.7264)
α	1.42** (2.073119)	14.745*** (30.69694)	1.804839*** (25.87183)
FDI	-0.762169 (-1.03789)	-1.596238** (-2.343529)	-0.99972*** (-13.38519)
LnY	-0.077468 (-0.139306)	0.387107 (1.376283)	-0.129998** (-2.3000181)
$(LnY)^2$	-0.023306 (-0.067123)	0.595884*** (3.063897)	-0.040258 (-1.139764)
SSE	25	0.092967	24.3
R^2	0.8161	0.99	0.7651

注：括号内为 T 值，*、**、*** 分别表示 10%、5% 和 1% 水平上显著。

现在用 F 统计量检验是应该建立混合回归模型，还是个体固定效应回归模型。原假设与备择假设为：

H_0：真实模型为混合回归模型，即模型中不同个体的截距相同。

H_1：真实模型为个体固定效应模型，即模型中不同个体的截距项不同。

F 统计量定义为：

$$F = \frac{(SSEr - SSEu)/(N-1)}{SSEu/(NT-N-K)} \sim F_\alpha(N-1, NT-N-K)$$

其中，SSEr 表示约束模型，即混合估计模型的残差平方和；SSEu 表示非约束模型，即个体固定效应模型的残差平方和。在给定的显著性水平下，如果 $F > F_\alpha(N-1, NT-N-1)$，则拒绝零假设，即选用固定效应模型进行估计。

可得：$F = \dfrac{(SSEr - SSEu)/(N-1)}{SSEu/(NT-N-K)} = \dfrac{(25 - 0.092967)/(30-1)}{0.092967/(60-30-5)} = 230.9$，$F_\alpha(N-1, NT-N-1) = F_{0.05}(29, 29) = 1.86$，$F = 230.9 > 1.86$。因此建立个体固定效应模型更合理。

下面利用 Hausman 统计量检验应该建立个体随机效应模型，还是个体固定效应模型。模型 3 的 Hausman 检验结果如表 8-6 所示。

表 8-6 Hausman 检验结果

检验结果	χ^2 统计量	χ^2 自由度	P 值
横截面随机	6747.733666	4	0.0000

Hausman 统计量的值是 6747.73，对应的概率为 0.0000，表明应该建立个体固定效应模型，拒绝随机效应模型的原假设。

由表 8-5 模型 2 的回归结果，LnC_{it-1} 的系数为正并且在 99% 的水平上显著，滞后期的碳排放量和当期的碳排放量正相关，这说明历史的碳排放对当期的碳排放有显著影响。人均产出的二次项与 CO_2 排放量之间正相关并且显著，人均产出与 CO_2 排放量成正相关但不显著，说明人均产出与 CO_2 排放不呈倒 U 形的环境库兹涅茨曲线。对此的解释是，近些年中国进行了能源战略的调整和能源技术的改进，关闭了大批小煤矿，碳强度持续下降。FDI 的系数为负并且显著，说明外商直接投资对环境的影响是正面的，外资在各行业参与度的提高减少了 CO_2 的排放。对此的解释是，相比内资，外资更倾向于采用清洁、环保的技术，外资企业的技术先进水平普遍高于内资。

本节通过 30 个工业行业的最新数据检验了外商投资和工业行业的经济增长对各行业碳排放的影响，本章得到了以下主要结论。第一，统计分析表明，各行业 2005~2007 年工业增加值持续增长，各行业外资参与度提升，但相应的各行业的碳排放并没有持续增加,反而出现了下降。第二,计量分析的结果发现在工业行业内,人均产出与 CO_2 排放不呈倒 U 形的环境库兹涅茨曲线。各行业的经济增长并未带来 CO_2 排放的增加。对此的解释是,近些年中国进行了能源战略的调整和能源技术的改进。第三,外资在各行业参与度的提高减少了 CO_2 的排放。对此的解释是,相比内资,外资更倾向于采用清洁、环保的技术,外资企业的技术先进水平普遍高于内资。

总的看来,中国并没有因为工业化和引进外资而成为"污染天堂",中国也不需要为了减少 CO_2 排放而去限制工业发展,限制外资流入。当然,中国也应更加积极地推行自己的低碳之路,研发技术,提高能源利用效率,并继续大力开发新能源。

第三节 经济增长与碳排放:分行业的计量分析

本节利用我国 26 个工业行业的面板数据检验各行业经济增长与碳排放的长期因果关系。采用面板分析的原因在于面板协整检验比传统方法增加了自由度,完全修正普通最小二乘法,面板单位根检验能够克服短期数据的缺陷和小样本造成的影响,也能够修正由于内生和回归关联导致的标准 OLS 偏差。

一 模型

根据经济增长与 CO_2 排放之间的内在联系,本章构建以下反映工业行业经济增长与二氧化碳排放的计量模型:

$$Ln C_{i,t} = \beta_i + \gamma_i Ln Y_{i,t} + u_{i,t} \quad (8-3)$$

式 (8-3) 中,$C_{i,t}$ 表示第 i 行业第 t 年的碳排放量,$Y_{i,t}$ 表示第 i 行业第 t 年的工业总产值,γ_i 是 $Ln Y_{i,t}$ 的系数,β_i 表示个体效应,反映行业的个体差异,$u_{i,t}$ 是随机误差项。关于第 i 行业第 t 年 CO_2 排放量的数值的计算,本节的计算方法同第七章第一节,各行业的能源消费总量数据来源于《中国统计年鉴》。各行业各年工业总产值的数据来源于中经网数据库。实证分析的时间跨度为 1994~2011 年。

关于行业的分类，2004年之前和之后的分类方法有差异，因此本节的分析选取了两种分类方法中名称相同或类似的且外资参与度高于10%的工业行业，为以下26个行业：农副产品加工业，食品制造业，饮料制造业，纺织业，纺织服装、鞋、帽制造业，皮革、毛皮、羽毛（绒）及其制品业，木材加工及木、竹、藤、棕、草制品业，家具制造业，造纸及纸制品业，印刷和记录媒介的复制，文教体育用品制造业，化学原料及化学制品制造业，医药制造业，化学纤维制造业，橡胶制品业，塑料制品业，金属制品业，黑色金属冶炼及压延加工业，非金属矿制造业，有色金属冶炼及压延加工业，通用设备制造业，专用设备制造业，交通运输设备制造业，电气机械及器材制造业，通信设备、计算机及其他电子设备制造业，仪器仪表及文化、办公用机械制造业。

二 面板单位根检验

所谓面板单位根检验是指将面板数据中的变量各横截面序列作为一个整体进行单位根检验，由于面板数据的单位根检验到目前为止还没有完全统一，为了检验的稳健性，本章采用了4种单位根检验方法，主要有LLC检验、IPS检验、ADF Fisher检验、PP Fisher检验。

考虑以下基于面板数据的AR（1）过程：

$$y_{i,t} = Q_i y_{i,t-1} + L_{i,t}$$

其中，$i=1, 2, \cdots, N$为面板单位数目；$t=1, 2, \cdots, T_i$为面板单位的时间跨度；Q_i为自回归系数；$L_{i,t}$为相互独立的异质的扰动项。

根据Q_i对同（异）质性假定的不同，所有的检验可分为两类：一类是假定所有的面板单位包含着共同的单位根，即对于各个不同单位的i，$Q_i = Q$，代表性的检验如LLC检验、Breitung检验及Hadri检验，这三种检验的区别在于LLC检验和Breitung检验的原假设为各面板单位存在着共同的单位根，而Hadri检验则采用了不存在共同单位根的原假设；另一类检验则放宽了同质性假定，允许Q_i在不同的面板单位中自由变化，与第一类检验相比，放宽了假定，进一步接近客观现实，其中代表性的如IPS检验、Fisher2 ADF检验和Fisher2PP检验。

下面利用 LLC 检验、IPS 检验、ADF Fisher 检验、PP Fisher 检验方法对各行业各年度工业总产值和碳排放量的数据进行单位根检验，结果见表8-7。

表 8-7　$LnC_{i,t}$ 与 $LnY_{i,t}$ 的单位根检验结果

变量 $LnC_{i,t}$	统计值	伴随概率 P 值	结　论
LLC 检验	-0.82811	0.2038	不平稳
IPS 检验	0.37720	0.6470	不平稳
ADF Fisher	45.6071	0.7219	不平稳
PP Fisher	35.7933	0.9578	不平稳
变量 $DLnC_{i,t}$	统计值	伴随概率 P 值	结　论
LLC 检验	-21.5269	0.0000	平　稳
IPS 检验	-15.5293	0.0000	平　稳
ADF Fisher	290.924	0.0000	平　稳
PP Fisher	367.734	0.0000	平　稳
变量 $LnY_{i,t}$	统计值	伴随概率 P 值	结　论
LLC 检验	10.2564	1.0000	不平稳
IPS 检验	15.7467	1.0000	不平稳
ADF Fisher	0.75331	1.0000	不平稳
PP Fisher	0.59185	1.0000	不平稳
变量 $DLnY_{i,t}$	统计值	伴随概率 P 值	结　论
LLC 检验	-11.0903	0.0000	平　稳
IPS 检验	-6.10357	0.0000	平　稳
ADF Fisher	123.515	0.0000	平　稳
PP Fisher	125.429	0.0000	平　稳

由表8-6的单位根检验结果可知，序列 $LnC_{i,t}$ 与 $LnY_{i,t}$ 的水平值都是不平稳的，一阶差分是平稳的，即序列 $LnC_{i,t}$ 与 $LnY_{i,t}$ 均为一阶差分平稳序列。

三　面板协整检验

面板数据的协整检验方法可以分为两大类：一类是建立在 Engle 和 Granger 二步法检验基础上的面板协整检验，具体方法主要有 Pedroni 检验和 Kao 检验；另一类是建立在 Johansen 协整检验基础上的面板协整检验。

Pedroni 提出了几种协整关系的检验方法，那些方法允许截面间存在异质性截取和趋势系数。可以将模型写为：

$$y_{it} = A_{it} + D_{it} + x_{it}B_i + e_{it}$$

其中，$t = 1, 2\cdots, T$；$i = 1, 2, \cdots, N$；y_{it} 和 x_{it} 分别是（N@T）@1 和（N@T）@m 维的可观察变量。

Pedroni 建议用两类检验。第一类基于联合组内尺度检验，包括四种统计方法：Panel V 统计量、Panel Q 统计量、Panel PP 统计量和 Panel ADF 统计量。这些统计量包含了不同变量的自回归系数对估计的残差的单位根检验。第二类检验基于组间尺度检验，包括三种统计方法：Group Q 统计量，Group PP 统计量和 Group ADF 统计量。这些统计基于每个向量个体估计系数的简单平均。

检验过程中不仅允许不同面板单位存在不同固定效应和短期动态效应，而且允许存在不同的长期协整系数；同时，Pedroni 的研究表明，每一个标准化统计量渐近满足标准正态分布 N（0，1）。同时 Pedroni 给出了各种情况下蒙特卡洛模拟结果，并且 Pedroni（1999）给出了利用这些模拟结果构造的近似临界判别值。要拒绝/不存在协整关系 0 这个零假设，所计算出来的各个统计量的绝对值必须大于 Pedroni 所列示的近似临界判别值。Pedroni 的 Monte Carlo 模拟实验的结果显示，对于大于 100 的样本来说，所有的 7 个统计量的检验效力都很好并且很稳定。但是对于小样本（T < 20）来说，Group ADF 统计量是最有效力的，接下来是 Panel 2 V 统计量和 Panel2 Q 统计量。因此，在本章的实证检验过程中，如果各个统计量给出的判别结果出现矛盾，将重点考虑这三个统计量所显示的结果。

由于序列 $LnC_{i,t}$ 与 $LnY_{i,t}$ 均为一阶单整，下面采取 Pedroni 检验方法对两个序列进行协整检验，以考察两序列间是否存在长期的协整关系。面板协整检验的结果见表 8 – 8。

表 8 – 8　$LnC_{i,t}$ 与 $LnY_{i,t}$ 的协整检验结果

统计量	统计值	P 值
Panel V	– 1.50014	0.9332
Panel Q	– 5.486336	0.0000
Panel PP	– 9.037537	0.0000
Panel ADF	– 5.651717	0.0000
Group Q	– 2.285188	0.0112
Group PP	– 10.22839	0.0000
Group ADF	– 5.814366	0.0000

由表 8-8 的结果可知，除了统计量 Panel V 之外，其他统计量都在 5%的显著性水平上通过了显著性检验，表明工业行业经济增长与碳排放之间存在长期的协整关系。下面对变量之间进行因果关系检验。

四 面板因果关系检验

由于行业经济增长与 CO_2 排放是协整的，也就是说，行业经济增长与 CO_2 排放在长期有因果关系，本节运用基于面板的误差修正模型来发现行业经济增长与 CO_2 排放是单向的因果关系还是互为因果关系。

与传统的基于误差修正模型的检验一样，可以建立如下的面板误差修正方程：

$$\Delta Y_{i,t} = \theta_{1,i} + \lambda_{1,i}\varepsilon_{i,t-1} + \sigma\sum\theta_{11i,K}\Delta Y_{i,t-K} + \sum\theta_{12i,K}\Delta C_{i,t-K} + u_{1i,t} \quad (8-4)$$

$$\Delta C_{i,t} = \theta_{2,i} + \lambda_{2,i}\varepsilon_{i,t-1} + \sum\theta_{21i,K}\Delta Y_{i,t-K} + \sum\theta_{22i,K}\Delta C_{i,t-K} + u_{2i,t} \quad (8-5)$$

式中，K 代表滞后期，代表差值，它们是运用 Step-down 方法直到最大 2 个时滞的最佳选择，C 代表二氧化碳排放量，Y 指各行业工业总产值。

对方程（8-4）和（8-5）独立变量系数的显著性进行检验，可以确定因果关系。对于短期因果关系，本章对方程（8-4）检验所有 i 和 K，$H_0: \theta_{12i,k}$ 或检验方程（8-5），对所有 i 和 K，$H_0: \theta_{21ik}$。长期因果关系可以由观察调整速度 λ 的显著性来检验，λ 是错误修正式的 $\varepsilon_{i,t-1}$ 的系数。λ 的显著性揭示了协整过程的长期关系。沿着这一路径的运动可以认为是永久的。对长期因果关系，本章检验对方程（8-4）的所有 i，$H_0: \lambda_{1,i}$ 或对方程（8-5）的所有 i，$H_0: \lambda_{2,i}$。最终，本节运用联合检验（WALD 检验）来检验强因果关系。

对方程（8-4）的回归见表 8-9。

下面对表 8-9 中 DCARBON？(-1) 与 DCARBON？(-2) 的两个系数做 wald 检验，其检验结果见表 8-10。结果表明，在短期中存在从 carbon 到 Y 的短期因果关系，即 CO_2 排放是工业行业经济增长的短期原因。

表8-9 方程（8-4）式的回归结果

变量	系数	标准误	t统计量	P值
C	1021.210	112.5415	9.074077	0.0000
DY?（-1）	0.005220	0.091081	0.057312	0.9543
DY?（-2）	-0.128337	0.088254	-1.454182	0.1470
DCARBON?（-1）	0.126476	0.013999	9.034738	0.0000
DCARBON?（-2）	0.178888	0.018431	9.705930	0.0000
RESID?（-1）	0.248212	0.034583	7.177366	0.0000
Effects Specification				
横截面固定(虚拟变量)				
R2	0.778323	因变量均值	1147.764	
调整的R2	0.754656	因变量标准差	1759.736	
回归的标准差	871.6359	赤池信息准则	16.47269	
残差平方和	2.13E+08	施瓦茨准则	16.84459	
似然对数	-2538.740	汉南-奎因准则	16.62133	
F统计量	32.88695	D-W统计量	2.007661	
P值(F统计量)	0.000000			

表8-10 从carbon到Y的短期因果关系的wald检验结果

检验统计量	数值	自由度	P值
F统计量	48.00490	(2,281)	0.0000
χ^2	96.00979	2	0.0000
虚拟假设摘要：			
正规化约束(=0)		数值	标准误
C(4)		0.126476	0.013999
C(5)		0.178888	0.018431

注：在系数里，约束是线性的。

为了检验长期因果关系，对表8-9中DCARBON?（-1）、DCARBON?（-2）与的RESID?（-1）三个系数做wald检验，其检验结果见表8-11。

其结果表明，在长期中也存在从carbon到Y的因果关系，即碳排放是工业行业经济增长的长期原因。

为了检验Y到carbon的因果关系，对方程（8-5）进行回归，回归结果见表8-12。

表 8-11　从 carbon 到 Y 的长期因果关系的 wald 检验结果

检验统计量	数值	自由度	P 值
F 统计量	32.59818	(3,281)	0.0000
χ^2	97.79454	3	0.0000

虚拟假设摘要：

正规化约束(=0)	数值	标准误
C(4)	0.126476	0.013999
C(5)	0.178888	0.018431
C(6)	0.248212	0.034583

注：在系数里，约束是线性的。

表 8-12　方程（8-5）式的回归结果

变量	系数	标准误	t 统计量	P 值
C	-3885.218	765.4506	-5.075726	0.0000
DY?（-1）	0.812651	0.619485	1.311817	0.1907
DY?（-2）	7.624046	0.600256	12.70132	0.0000
DCARBON?（-1）	-1.098833	0.095213	-11.54078	0.0000
DCARBON?（-2）	-1.061097	0.125357	-8.464597	0.0000
RESID?（-1）	-1.256592	0.235214	-5.342342	0.0000
Effects Specification				
横截面固定(虚拟变量)				
R2	0.553177	因变量均值		551.4197
调整的 R2	0.505474	因变量标准差		8430.339
回归的标准差	5928.429	赤池信息准则		20.30698
残差平方和	9.88E+09	施瓦茨准则		20.67888
似然对数	-3136.888	汉南-奎因准则		20.45561
F 统计量	11.59617	D-W 统计量		2.119854
P 值	0.000000			

下面对表 8-12 中 DY?（-1）与 DY?（-2）的两个系数做 wald 检验，以考察是否存在从 Y 到 carbon 的短期因果关系。其检验结果见表 8-13。结果表明，在短期中存在从 Y 到 carbon 的短期因果关系，即经济增长是工业行业碳排放增加的短期原因。

表 8-13　从 Y 到 carbon 的短期因果关系的 wald 检验结果

检验统计量	数值	自由度	P 值
F 统计量	84.49876	(2,281)	0.0000
χ^2	168.9975	2	0.0000
虚拟假设摘要：			
正规化约束		Value	Std. Err.
C(2)		0.812651	0.619485
C(3)		7.624046	0.600256

注：在系数里，约束是线性的。

为了检验长期因果关系，对表 8-12 中 DY？（-1）、DY？（-2）与 RESID？（-1）三个系数做 wald 检验，其检验结果见表 8-14。

表 8-14　从 Y 到 carbon 的长期因果关系的 wald 检验结果

检验统计量	数值	自由度	P 值
F 统计量	62.55259	(3,281)	0.0000
χ^2	187.6578	3	0.0000
虚拟假设摘要：			
正规化约束		Value	Std. Err.
C(2)		0.812651	0.619485
C(3)		7.624046	0.600256
C(6)		-1.256592	0.235214

注：在系数里，约束是线性的。

表 8-14 的结果表明，在长期中也存在从 Y 到 carbon 的因果关系，即在长期中存在经济增长导致工业行业碳排放增加的因果关系。

本节运用我国 26 个行业 1994~2011 年的数据，检验了经济增长和 CO_2 排放的协整及因果关系。用面板协整和基于面板误差修正模型来进行研究。

在长短期内，从 26 个工业行业来看，面板数据得出的结果证实了在长短期工业碳排放与工业总产值之间的相互因果关系。这一计量结果验证了本书第四章中关于"经济增长加速了我国碳排放"的判断。这是因为 95% 的 CO_2 主要是化石燃料燃烧产生的。化石能源投入的增加会带来碳排放增加，从而带来经济产出的增加。特别在我国，煤炭在能源消费结构中的比重最大，煤炭一直占总能源消费比例的75%。同样，当工业行业经济总量扩大时，对化石能源的需求也会增加，从而带来二氧化碳排放量的增加。这表明CO_2排放和工业部门经济增长是内生的，因此用任何一个单一的方程来预测将会是不准确的。既然能源是经济增长的一个刺激因素，限制碳排放政策的实施可能会影响我国经济增长的趋势，中国经济可能会受到减碳的影响。快速的工业化对环境有负面影响。在全球温室气体减排的压力下，每个国家都面临着能源战略和能源政策的调整，我国在2009年哥本哈根国际气候会议中已做出了承诺，这将对中国能源政策的调整产生重要影响，从而会对中国经济增长产生一定的影响。美国之所以退出《京都议定书》，主要原因也是因为限制能源消费必然损害美国的经济增长。这样，保持我国经济的可持续增长就必须要改善能源的质量，比如调整能源结构、提高低碳和无碳能源在能源结构中的比重、开发新能源品种、大力发展可再生能源等。

第四节　结论

本章对工业行业FDI、经济增长和碳排放的关系进行了实证研究。本章通过30个工业行业的最新数据检验了FDI和工业行业的经济增长对各行业碳排放的影响。第一节的统计分析表明各行业2005～2007年工业增加值持续增长，各行业外资参与度提升，但相应的各行业的碳排放并没有持续增加，反而出现了下降。第二节计量分析的结果发现工业行业内，人均产出与CO_2排放不呈倒U形的环境库兹涅茨曲线。各行业的经济增长并未带来CO_2排放的增加。对此的解释是，近些年中国进行了能源战略的调整和能源技术的改进。结果表明外资在各行业参与度的提高减少了CO_2的排放。对此的解释是，相比内资，外资更倾向于采用清洁、环保的技术，外资企业的技术先进水平普遍高于内资。因此，中国并没有因为引进外资而成为"污染天堂"，中国也不需要为了减少CO_2排放而去限制外资流入。当然，中国也应更加积极地推行自己的低碳之路，研发技术，提高能源利用效率，并继续大力开发新能源。

第三节运用我国26个行业1994～2011年的数据，检验了经济增长和

CO_2 排放的协整及因果关系。用面板协整和基于面板误差修正模型来进行研究。面板因果关系检验证实了在长短期内,工业碳排放与工业总产值之间的相互因果关系。碳排放增加,会带来经济产出的增加。同样,当工业行业经济总量扩大时,也会带来二氧化碳排放量的增加。基于我国在2009年哥本哈根国际气候会议中已做出的2020年碳强度比2005年下降40%~45%的承诺,将对中国能源政策的调整产生重要影响,从而会对中国经济增长产生一定的影响。这样,保持我国经济的可持续增长就必须要改善能源的质量,比如调整能源结构、提高低碳和无碳能源在能源结构中的比重、开发新能源品种、大力发展可再生能源等。

关于工业经济增长对碳排放的影响,第二节的结论与第三节的结论有所不同,对此的解释是第二节中的样本区间为2005~2007年,而第三节中面板因果关系检验的样本区间为1994~2011年。而且第二节的模型中包括了FDI变量,而面板因果关系检验中没有FDI变量。当然,笔者认为第三节的实证结果更为准确。

从上面的结论可知,中国并没有因为引进外资而成为"污染天堂",中国也不需要为了减少 CO_2 排放而去限制外资流入。外资企业的技术先进水平普遍高于内资,相比内资更倾向于采用清洁、环保的技术。而碳排放与工业总产值之间具有相互因果关系。当工业行业经济总量扩大时,也会带来二氧化碳排放量的增加。这说明了我国快速的工业化是具有高耗能、高排放特征的。

第九章 城市化与中国碳排放的实证研究

第一节 引言

气候变化和温室气体排放问题已引起全世界的共同关注。作为最主要的温室气体，CO_2 占全球温室气体排放的 76.7%。我国已超过美国成为世界第一大二氧化碳排放国，2011 年大约占世界总排放量的 30% 以上。[①] 在 2009 年 12 月的哥本哈根气候会议上，我国政府做出了到 2020 年单位 GDP 减排 40%~45% 的承诺。针对目前我国所处的发展阶段，我国的增长模式正从全球化外需增长转向城市化内需增长。改革开放 30 年，出口增长一直是拉动我国经济快速增长的最重要的引擎。而金融危机后，欧美等外部市场萎缩，外部市场不会容忍中国以两位数的出口增长来拉动中国自己的经济增长，我国必须转向内需增长。中国经济从外需增长转向内需增长，是建立在城市化基础上的。城市化将接替国际贸易成为我国持续增长的另一引擎，我国城市化的进程正在进行且呈加速的趋势。而城市化进程中的高耗能的特点对 CO_2 排放的影响是明显的。城市化对环境的影响分为两个方面：一方面，城市化加速了能源的消耗和污染物的产生；另一方面，相比农村地区，城市有更多的机会实现规模经济和更有效地利用资源。因此，城市化的发展模式对可持续发展尤为重要。

[①] 资料来源：http://en.wikipedia.org/wiki/List_of_countries_by_carbon_dioxide_emissions。

近些年，城市化与碳排放的关系得到广泛的关注和研究。Alam 等（2007）采用时间序列数据和 STIRPAT 模型检验了城市化对巴基斯坦碳排放的影响，研究发现，两者是正相关的关系。在面板数据方面，Parikh 和 Shukla（1995）利用 43 个发展中国家的面板数据对城市化发展、能源消耗和温室气体排放问题进行了实证研究，结果表明，发展中国家的城市化进程导致能源消耗和温室气体排放的增加。Jorgenson（2007）利用 1975～2000 年 39 个不发达国家的数据，采用固定效应模型对城市化与碳排放的关系进行了实证考察，结果表明，城市化发展与东道国的碳排放显著正相关。Phetkeo Ooumanyvong 和 Shinji Kaneko（2010）利用 STIRPAT 模型研究了 99 个国家 1975～2005 年的面板数据，研究将处于不同发展阶段的国家分成不同的组，发现城市化对处于各种收入水平的国家的碳排放的影响均为正，而且对中等收入国家的影响最为明显。Martínez-Zarzoso 和 Maruotti（2011）利用 1975～2003 年的数据分析了城市化对发展中国家的碳排放影响，研究结果显示，这些国家城市化与碳排放呈倒 U 形的关系。

在国内研究方面，林伯强（2010）运用全国层面的时间序列数据，对中国城市化发展不同阶段的碳排放影响因素和减排策略进行了研究，研究表明，城市化进程的加速带来了中国碳排放量的增加。孙慧宗等（2010）对中国城市化和二氧化碳排放进行了协整分析，发现二者之间存在长期稳定的均衡关系，二期滞后时，城市化是碳排放的格兰杰原因。肖周燕（2011）运用 1949～2007 年的数据进行研究，发现城市化与二氧化碳排放并不存在长期均衡关系，但改革开放前后城市化和二氧化碳排放量都呈现长期稳定的比例关系，即二氧化碳排放随着城市化水平的提高而不断提高，且改革开放前后城市化水平对二氧化碳排放影响存在差异。宋德勇、许安（2011）采用 STIRPAT 模型分析城镇碳排放及区域差异的影响因素，结果表明，城镇碳排放是中国碳排放的主体。李楠等（2011）从人口结构角度探讨碳排放问题，结果发现，我国的 CO_2 排放与城市化进程存在密切关系，人口的城市化率对碳排放的正向影响最大。

通过文献回顾可以看出，现有的研究存在一些不足：第一，国外的研究多集中在多国的跨国面板数据分析，缺乏关于单一国家的城市化与碳排放关系的详尽研究；第二，方法较为单一，多是利用 STIRPAT 模型进行面板数据的实证研究，而 STIRPAT 模型自诞生起就不断受到诟病，从而影响了实证结果的现实性；第三，即使都利用了 STIRPAT 模型，各研究的结论差异很大，无法从中得到令人信服的结论；第四，国内的大多数文献没有考虑中国经济增长的阶段性特征，即城市化过程带来的能源快速增长的刚性问题，因而提出的政策建议缺乏现实意义；第五，在面板数据的研究中没有对不同经济发展水平的地区进行分类，没有考虑不同地域在经济规模、发展水平、技术水平等方面的差异。

本课题试图弥补现有研究的不足。第一，着眼于单一国家的城市化与碳排放长短期动态相互关系，深入研究中国城市化与碳排放的协整关系、因果关系等；第二，尝试方法创新，应用自回归分布滞后模型（ARDL）、误差纠正模型探讨城市化、经济增长与中国碳排放的长短期动态相互关系；第三，在面板数据的实证研究中，按照我国经济发展水平的差异，将我国样本范围中的 28 个省份分为东、中、西部三个区域，利用 STIRPAT 模型分别研究对处于不同发展阶段的区域，城市化对碳排放的影响和效应；第四，将中国现阶段的经济增长特征考虑进来，我国的增长模式正从全球化外需增长转向城市化内需增长，而城市化具有高耗能的显著特征，考虑到城市化过程带来的能源消费快速增长的刚性问题，中国的低碳转型必须兼顾阶段性发展特征，减排政策选择只能从控制碳排放增量入手，谨慎选择碳减排与经济发展之间的平衡点。因此，本课题关于城市化、经济增长与我国碳排放的实证研究，结论与建议将具有现实的政策意义。

第二节　实证研究

一　数据与模型

Dietz 和 Rosa（1994，1997）提出了随机 IPAT 等式，其中 P 代表人口规模，A 代表人均富裕程度，T 指技术水平。学者也把他们的模型称为 STIRPAT（Stochastic Impacts by Regression on Population, Affluence, and Technology），如下式所示：

$$I = P^{\beta_0} A^{\beta_1} T^{\beta_2} \varepsilon \qquad (9-1)$$

其中，I 是污染程度，指碳排放水平；P 指人口，将人口总数变量用城市化水平来代替；A 指经济发展水平，用人均 GDP 表示；T 指技术水平，用能源强度即单位 GDP 碳排放表示。

为了检验城市化与我国碳排放之间的关系，将式（9-1）两边同时取对数，如下式：

$$Ln I_{it} = \gamma_i + \beta_0 Ln P_{it} + \beta_1 Ln A_{it} + \beta_2 Ln T_{it} + \varepsilon_{it} \qquad (9-2)$$

其中，γ_i 指个体和时间的固定效应，I_{it} 指第 i 个省的碳排放水平，P_{it} 指城镇人口占总人口的比重，A_{it} 指人均 GDP（1978 年不变价），T_{it} 用碳强度表示（1978 年不变价），t 指年份，ε 指随机误差。样本范围包括 28 个省份，将 28 省份分为东、中、西部三个区域。关于我国东、中、西部区域的划分，按照我国经济发展水平和地理上的分布特征划分为三大地区。东部地区包括北京、天津、河北、山东、辽宁、上海、江苏、浙江、广东、福建、海南 11 个省、直辖市。东部地区地理位置优越，在改革开放中率先发展，在我国经济总量中占据最重要的地位。中部地区包括河南、湖北、山西、湖南、江西、安徽、吉林、黑龙江 8 省。西部地区包括四川、重庆、云南、贵州、广西、陕西、甘肃、宁夏、青海、新疆、西藏、内蒙古 12 个省、自治区、直辖市。由于现有资料中西藏、湖南、四川数据的缺乏，样本中剔除了西藏、湖南和四川，共包括全国 28 个省、直辖市、自治区。其中东部 11 个省份、中部 7 个省份、西部 10 个省份。

关于碳排放的测算，目前在我国没有 CO_2 排放的监测数据。CO_2 排放可分为自然排放和人工排放，人工排放是由于人类活动引起的 CO_2 排放，主要包括化石燃料消耗、生物质燃烧等，其中化石燃料消耗所排放的 CO_2 占 95% 以上。所以目前大部分文献的碳排放的数据是由能源消耗计算得出 CO_2 排放量。对中国总的碳排放量采用以下因素分解公式进行估算：

$$c = \sum_i S_i \times F_i \times E$$

其中，E 为中国一次能源的消费总量，F_i 为 i 类能源的碳排放强度，S_i

为 i 类能源在总能源中所占的比重。这里 F_i 的取值见表 9-1。本章取平均值作为各种能源消耗碳排放系数。

表 9-1 各种能源的碳排放系数

资料来源	煤炭	石油	天然气
美国能源部	0.702	0.478	0.389
日本能源经济研究所	0.756	0.586	0.449
中国国家科委气候变化项目	0.726	0.583	0.409
中国国家发改委能源研究所	0.7476	0.5825	0.4435
平均值	0.7329	0.5574	0.4226

资料来源：《中国能源统计年鉴》《中国统计年鉴》《新中国六十年统计资料汇编》。样本区间为 1978~2011 年。使用软件为 EVIEWS6.0。

二 模型结果

(一) 面板单位根检验

在估计计量模型之前，我们先要检验数据的平稳性。如果数据不平稳，模型结果就是伪回归。本章使用 4 种面板单位根检验方法：LLC 检验、IPS 检验、ADF Fisher 检验、PP Fisher 检验。LLC 检验假定所有的面板单位包含着共同的单位根，而 IPS 检验、ADF Fisher 检验、PP Fisher 检验则放宽了同质性假定，允许回归系数在不同的面板单位中自由变化。4 种方法进行单位根检验的结果见表 9-2~表 9-5。

由表 9-2~表 9-5 可知，当对 LnI_{it}、LnP_{it}、LnA_{it} 和 LnT_{it} 的原值进行检验时，检验结果都表明不能拒绝单位根的零假设；当对这些变量的一阶差分进行检验时，不论是用何种回归式检验结果都可以强烈地拒绝存在单位根的零假设。由此，上述 4 种单位根检验都说明 LnI_{it}、LnP_{it}、LnA_{it} 和 LnT_{it} 的一阶差分是不存在单位根的，因此综合地判定各个时间序列的对数都是 I(1) 过程，即变量的面板数据是一阶协整的。由于面板数据的不稳定性，应用最小二乘法可能导致伪回归，所以必须要分析相关变量的协整关系，进而进行面板回归分析。

表 9-2　中国 LnI_{it}、LnP_{it}、LnA_{it} 和 LnT_{it} 的面板单位根检验结果

变量 LnI_{it}	统计值	伴随概率 P 值	结　论
LLC 检验	4.98680	1.0000	不平稳
IPS 检验	6.58662	1.0000	不平稳
ADF Fisher 检验	33.3475	0.9930	不平稳
PP Fisher 检验	25.7339	0.9998	不平稳
变量 $DLnI_{it}$	统计值	伴随概率 P 值	结　论
LLC 检验	-14.2840	0.0000	平　稳
IPS 检验	-13.4845	0.0000	平　稳
ADF Fisher 检验	273.342	0.0000	平　稳
PP Fisher 检验	264.384	0.0000	平　稳
变量 LnP_{it}	统计值	伴随概率 P 值	结　论
LLC 检验	-2.16545	0.0152	平　稳
IPS 检验	1.41590	0.9216	不平稳
ADF Fisher 检验	58.4605	0.3851	不平稳
PP Fisher 检验	67.2000	0.1452	不平稳
变量 $DLnP_{it}$	统计值	伴随概率 P 值	结　论
LLC 检验	-14.2478	0.0000	平　稳
IPS 检验	-14.4764	0.0000	平　稳
ADF Fisher 检验	346.947	0.0000	平　稳
PP Fisher 检验	361.570	0.0000	平　稳
变量 LnA_{it}	统计值	伴随概率 P 值	结　论
LLC 检验	10.1829	1.0000	不平稳
IPS 检验	15.5355	1.0000	不平稳
ADF Fisher 检验	2.12526	1.0000	不平稳
PP Fisher 检验	1.32058	1.0000	不平稳
变量 $DLnA_{it}$	统计值	伴随概率 P 值	结　论
LLC 检验	-10.6404	0.0000	平　稳
IPS 检验	-10.3745	0.0000	平　稳
ADF Fisher 检验	222.936	0.0000	平　稳
PP Fisher 检验	241.654	0.0000	平　稳
变量 LnT_{it}	统计值	伴随概率 P 值	结　论
LLC 检验	2.18718	0.9856	不平稳
IPS 检验	5.98016	1.0000	不平稳
ADF Fisher 检验	30.3074	0.9980	不平稳
PP Fisher 检验	30.6637	0.9977	不平稳
变量 $DLnT_{it}$	统计值	伴随概率 P 值	结　论
LLC 检验	-16.0609	0.0000	平　稳
IPS 检验	-14.4085	0.0000	平　稳
ADF Fisher 检验	291.375	0.0000	平　稳
PP Fisher 检验	293.630	0.0000	平　稳

表 9-3 东部地区 LnI_{it}、LnP_{it}、LnA_{it} 和 LnT_{it} 的面板单位根检验结果

变量 LnI_{it}	统计值	伴随概率 P 值	结论
LLC 检验	1.19605	0.8842	不平稳
IPS 检验	2.42501	0.9923	不平稳
ADF Fisher 检验	16.7337	0.7779	不平稳
PP Fisher 检验	12.5138	0.9458	不平稳
变量 $DLnI_{it}$	统计值	伴随概率 P 值	结论
LLC 检验	-12.1039	0.0000	平稳
IPS 检验	-10.2226	0.0000	平稳
ADF Fisher 检验	127.958	0.0000	平稳
PP Fisher 检验	122.961	0.0000	平稳
变量 LnP_{it}	统计值	伴随概率 P 值	结论
LLC 检验	-2.50680	0.0061	平稳
IPS 检验	0.31238	0.6226	不平稳
ADF Fisher 检验	20.2851	0.5652	不平稳
PP Fisher 检验	33.1530	0.0598	不平稳
变量 $DLnP_{it}$	统计值	伴随概率 P 值	结论
LLC 检验	-10.7485	0.0000	平稳
IPS 检验	-8.92466	0.0000	平稳
ADF Fisher 检验	140.472	0.0000	平稳
PP Fisher 检验	148.271	0.0000	平稳
变量 LnA_{it}	统计值	伴随概率 P 值	结论
LLC 检验	2.29999	0.9893	不平稳
IPS 检验	6.61163	1.0000	不平稳
ADF Fisher 检验	1.84165	1.0000	不平稳
PP Fisher 检验	0.84165	1.0000	不平稳
变量 $DLnA_{it}$	统计值	伴随概率 P 值	结论
LLC 检验	-8.06393	0.0000	平稳
IPS 检验	-7.12558	0.0000	平稳
ADF Fisher 检验	93.6938	0.0000	平稳
PP Fisher 检验	85.7209	0.0000	平稳
变量 LnT_{it}	统计值	伴随概率 P 值	结论
LLC 检验	3.41627	0.9997	不平稳
IPS 检验	6.86794	1.0000	不平稳
ADF Fisher 检验	1.33582	1.0000	不平稳
PP Fisher 检验	1.59743	1.0000	不平稳
变量 $DLnT_{it}$	统计值	伴随概率 P 值	结论
LLC 检验	-11.5033	0.0000	平稳
IPS 检验	-9.39086	0.0000	平稳
ADF Fisher 检验	112.496	0.0000	平稳
PP Fisher 检验	118.991	0.0000	平稳

表9-4 中部地区 LnI_{it}、LnP_{it}、LnA_{it} 和 LnT_{it} 的面板单位根检验结果

变量 LnI_{it}	统计值	伴随概率 P 值	结 论
LLC 检验	0.42898	0.6660	不平稳
IPS 检验	1.15659	0.8763	不平稳
ADF Fisher 检验	12.146	0.5946	不平稳
PP Fisher 检验	9.47261	0.7996	不平稳
变量 $DLnI_{it}$	统计值	伴随概率 P 值	结 论
LLC 检验	-5.74390	0.0000	平 稳
IPS 检验	-6.12192	0.0000	平 稳
ADF Fisher 检验	65.0532	0.0000	平 稳
PP Fisher 检验	61.7091	0.0000	平 稳
变量 LnP_{it}	统计值	伴随概率 P 值	结 论
LLC 检验	0.50216	0.6922	不平稳
IPS 检验	2.56349	0.9948	不平稳
ADF Fisher 检验	15.4296	0.3494	不平稳
PP Fisher 检验	11.6760	0.6323	不平稳
变量 $DLnP_{it}$	统计值	伴随概率 P 值	结 论
LLC 检验	-5.89096	0.0000	平 稳
IPS 检验	-7.91357	0.0000	平 稳
ADF Fisher 检验	87.1241	0.0000	平 稳
PP Fisher 检验	87.0244	0.0000	平 稳
变量 LnA_{it}	统计值	伴随概率 P 值	结 论
LLC 检验	8.43666	1.0000	不平稳
IPS 检验	9.80449	1.0000	不平稳
ADF Fisher 检验	0.02950	1.0000	不平稳
PP Fisher 检验	0.02031	1.0000	不平稳
变量 $DLnA_{it}$	统计值	伴随概率 P 值	结 论
LLC 检验	-3.36453	0.0000	平 稳
IPS 检验	-3.99677	0.0000	平 稳
ADF Fisher 检验	43.6687	0.0000	平 稳
PP Fisher 检验	66.1113	0.0000	平 稳
变量 LnT_{it}	统计值	伴随概率 P 值	结 论
LLC 检验	1.82614	0.9661	不平稳
IPS 检验	2.98940	0.9986	不平稳
ADF Fisher 检验	4.73605	0.9892	不平稳
PP Fisher 检验	4.40423	0.9925	不平稳
变量 $DLnT_{it}$	统计值	伴随概率 P 值	结 论
LLC 检验	-7.48107	0.0000	平 稳
IPS 检验	-6.78309	0.0000	平 稳
ADF Fisher 检验	72.4323	0.0000	平 稳
PP Fisher 检验	69.8765	0.0000	平 稳

表9-5 西部地区 LnI_{it}、LnP_{it}、LnA_{it} 和 LnT_{it} 的面板单位根检验结果

变量 LnI_{it}	统计值	伴随概率P值	结论
LLC检验	5.61109	1.0000	不平稳
IPS检验	7.73931	1.0000	不平稳
ADF Fisher检验	4.46774	1.0000	不平稳
PP Fisher检验	3.74753	1.0000	不平稳
变量 $DLnI_{it}$	统计值	伴随概率P值	结论
LLC检验	-7.14205	0.0000	平稳
IPS检验	-6.54492	0.0000	平稳
ADF Fisher检验	80.3304	0.0000	平稳
PP Fisher检验	79.7141	0.0000	平稳
变量 LnP_{it}	统计值	伴随概率P值	结论
LLC检验	-1.86068	0.0314	平稳
IPS检验	0.07335	0.5292	不平稳
ADF Fisher检验	22.7458	0.3014	不平稳
PP Fisher检验	22.3710	0.3207	不平稳
变量 $DLnP_{it}$	统计值	伴随概率P值	结论
LLC检验	-10.3716	0.0000	平稳
IPS检验	-8.39919	0.0000	平稳
ADF Fisher检验	119.350	0.0000	平稳
PP Fisher检验	126.274	0.0000	平稳
变量 LnA_{it}	统计值	伴随概率P值	结论
LLC检验	7.69078	1.0000	不平稳
IPS检验	10.8318	1.0000	不平稳
ADF Fisher检验	0.25412	1.0000	不平稳
PP Fisher检验	0.45861	1.0000	不平稳
变量 $DLnA_{it}$	统计值	伴随概率P值	结论
LLC检验	-6.5527	0.0000	平稳
IPS检验	-6.55439	0.0000	平稳
ADF Fisher检验	85.5737	0.0000	平稳
PP Fisher检验	89.8215	0.0000	平稳
变量 LnT_{it}	统计值	伴随概率P值	结论
LLC检验	-2.45847	0.0070	不平稳
IPS检验	-0.03447	0.4863	不平稳
ADF Fisher检验	24.2355	0.2323	不平稳
PP Fisher检验	24.6621	0.2147	不平稳
变量 $DLnT_{it}$	统计值	伴随概率P值	结论
LLC检验	-9.51688	0.0000	平稳
IPS检验	-8.58110	0.0000	平稳
ADF Fisher检验	106.447	0.0000	平稳
PP Fisher检验	104.763	0.0000	平稳

(二) 面板协整检验

本章采用 Johansen 面板协整检验，Johansen 面板协整检验是建立在 Johansen 协整检验基础上的面板协整检验。原假设为存在 0 个协整向量，备择假设为存在 1 个以上的协整向量。检验结果见表 9-6。

表 9-6　Johansen 面板协整检验结果

地　区	Fisher 联合迹统计量(P 值)	Fisher 联合 λ-max 统计量(P 值)
中　国	256.4(0.0000)*	206.1(0.0000)*
东　部	85.87(0.0000)*	70.08(0.0000)*
中　部	81.98(0.0000)*	61.56(0.0000)*
西　部	88.50(0.0000)*	74.45(0.0000)*

注：*表示在 5% 的显著性水平下拒绝原假设而接受备择假设。

由表 9-6 的检验结果可知，中国及东、中、西部地区的迹统计量和最大特征根统计量在 5% 的显著性水平下拒绝了原假设，即 Johansen 协整检验认为序列之间存在协整关系，即变量 LnI_{it}、LnP_{it}、LnA_{it} 和 LnT_{it} 存在长期稳定的均衡关系，下面对模型 (9-2) 进行回归分析。

(三) 面板数据模型回归分析

首先确定面板数据模型的形式，面板数据模型分为变参数模型、变截距模型和不变参数模型三种形式。主要检验如下两个假设：

$$H_1: \beta_1 = \beta_2 = \cdots = \beta_N$$
$$H_2: a_1 = a_2 = \cdots = a_N$$
$$\beta_1 = \beta_2 = \cdots = \beta_N$$

如果接受假设 H_2 则模型为不变参数模型，无须进行进一步的检验。如果拒绝假设 H_2，则需要检验假设 H_1。如果接受 H_1，则模型为变截距模型，反之拒绝 H_1，则认为模型为变参数模型。

根据高铁梅 (2006) 关于模型形式的设定检验方法，利用 F 检验确定模型的形式。构造两个 F 统计量：

$$F_2 = \frac{(S_3 - S_1)/[(N-1)(k+1)]}{\frac{S_1}{[NT-N(k+1)]}} \sim F[(N-1)(k+1), N(T-k-1)]$$

$$F_1 = \frac{(S_2 - S_1)/[(N-1)k]}{\dfrac{S_1}{[NT - N(k+1)]}} \sim F[(N-1)k, N(T-k-1)]$$

其中，S_1 为变参数模型的残差平方和，S_2 为变截距模型的残差平方和，S_3 为不变参数模型的残差平方和，N 为对应的横截面的数量，K 为自变量的个数，T 为时间跨度。东部、中部和西部 STIRPAT 模型形式的 F 检验结果见表 9-7。

表 9-7 东部、中部和西部 STIRPAT 模型形式设定检验结果

检验统计量	中国	东部	中部	西部
F_2	23* （1.26）	20833* （1.435）	1466.7* （1.575）	1100* （1.46）
F_1	72.3* （1.29）	5.83* （1.5）	4.4* （1.66）	49.04* （1.53）
检验结果	变参数模型	变参数模型	变参数模型	变参数模型

注：括号内为 T 统计量临界值，* 表示在 5% 的显著性水平下拒绝原假设。

从表 9-7 可以看出，东部、中部和西部 STIRPAT 模型的 F_2 和 F_1 均在 5% 的显著性水平下显著，可见，对三个模型进行模型形式设定检验时均拒绝 H_2 且拒绝 H_1，因此，东部、中部和西部 STIRPAT 模型均应采用变参数形式，采用变参数模型来进行计量分析。横截面的异方差与序列的自相关性是运用面板数据模型时可能遇到的最为常见的问题，此时运用 OLS 可能会产生结果失真，因此为了消除影响，对我国东、中、西部地区的分析将采用不相关回归方法（Seemingly Unrelated Regression，SUR）来估计方程。面板数据回归分析结果见表 9-8 ~ 表 9-10。

表 9-8、表 9-9、表 9-10 分别显示了东、中、西部地区的计量研究结果。在三组样本中，我们发现，人均收入的估计系数为正且弹性大于 1，且在 99% 的水平下显著。说明东、中、西部地区的富裕程度的提升都显著增加了该地区的碳排放。这与之前的研究结论是基本一致的，说明经济增长不可避免地带来能源消耗和二氧化碳排放的增加。但弹性并未随着人均

CDP的上升而增加,这是由产业转移带来的,随着东部地区人力成本的上升和环境管制的严格,能耗型和污染型的加工工业逐渐从较为发达的东部地区向中西部转移。

表9-8 东部地区变参数模型分析结果

地 区	Ln*P*	Ln*A*	Ln*T*
北 京	0.086 (1.27)	1.21 *** (34.03)	0.94 *** (43.61)
天 津	1.08 (0.78)	1.15 *** (17.18)	1.00 *** (25.89)
上 海	0.335 (0.80)	1.13 *** (10.64)	0.98 *** (37.38)
江 苏	0.053 *** (4.35)	1.12 *** (18.19)	1.03 *** (16.64)
浙 江	0.06 (0.13)	1.07 *** (9.48)	0.995 *** (94.21)
广 东	0.15 * (1.73)	1.18 *** (17.38)	1.06 *** (25.94)
山 东	0.05 (0.62)	1.01 *** (12.53)	0.944 *** (23.77)
福 建	0.59 (0.74)	0.92 *** (4.17)	0.92 *** (5.95)
海 南	0.18 ** (2.59)	1.06 *** (29.8)	0.97 *** (65.88)
河 北	0.02 (0.14)	1.06 *** (6.89)	0.99 *** (8.59)
辽 宁	0.0059 (0.10)	1.20 *** (43.55)	1.14 *** (40.26)

注:因变量为碳排放量的自然对数,括号内为T值。*、**、***分别代表系数在10%、5%、1%水平上显著。下表同。

表9-9 中部地区变参数模型分析结果

地 区	Ln*P*	Ln*A*	Ln*T*
山 西	0.36 *** (3.88)	1.01 *** (25.99)	0.98 *** (42.45)
吉 林	0.015 (0.277)	1.10 *** (14.79)	1.00 *** (19.56)
黑龙江	0.407 (6.82)	0.95 *** (19.08)	0.923 *** (20.92)

续表

地 区	LnP	LnA	LnT
安 徽	0.019 (0.27)	1.04 *** (25.07)	0.94 *** (19.94)
江 西	0.17 (0.898)	1.14 *** (12.85)	0.98 *** (48.56)
河 南	0.335 *** (8.28)	1.19 *** (52.94)	0.956 *** (45.75)
湖 北	0.25 (7.08)	1.03 *** (55.07)	1.04 *** (94.90)

表 9-10 西部地区变参数模型分析结果

地 区	LnP	LnA	LnT
重 庆	0.24 (0.706)	1.076 *** (8.256)	0.99 *** (30.47)
内蒙古	0.01 (0.40)	1.08 *** (178.5)	0.87 *** (37.04)
广 西	0.05 *** (6.98)	1.15 *** (56.69)	1.02 *** (69.88)
贵 州	0.023 *** (2.8)	1.167 *** (146.55)	0.97 *** (51.07)
云 南	0.00075 (0.751)	1.147 *** (119.25)	0.95 *** (48.05)
陕 西	0.09 (0.089)	1.00 *** (3.24)	1.01 *** (18.42)
甘 肃	0.136 * (1.844)	1.09 *** (33.39)	0.958 *** (26.94)
青 海	0.12 ** (2.45)	1.13 *** (82.34)	0.866 *** (28.21)
宁 夏	0.058 (0.576)	1.16 *** (20.68)	0.82 *** (28.99)
新 疆	0.035 * (1.76)	1.23 *** (56.59)	1.00 *** (18.28)

东、中、西部地区碳强度对碳排放的弹性接近于1，并且显著为负。说明碳强度每下降1%，碳排放也减少近1%。这与之前的研究结论也是一致的，清洁型、环保型技术的应用能显著地减少碳排放，减碳的着力点在于降低碳强度，通过技术进步和能源结构的变迁减少碳排放。

无论是在东部、中部还是西部地区，城市化的系数为正，表明城市化水平的提高会增加我国 CO_2 总排放量。但大多数地区城市化的系数没有通过显著性检验，这可能是由于城市化的进程会引起环境问题，但进一步的城市化则慢慢消除了环境影响。

第三节　结论与建议

本章利用 STIRPAT 模型的面板数据研究了 1978～2011 年，对不同发展阶段的省份，城市化对于碳排放的影响与效应。样本被分为三个组，对总体样本和三个子样本分别进行了分析。结果发现，对处于不同发展阶段的三个子样本，城市化对碳排放的影响均为正。目前我国处于城市化快速推进的发展阶段，大规模的农村人口转移至城市。城市化水平的提高在解决我国发展问题的同时，也带来了二氧化碳排放量的增长。这是由城市化进程中高耗能的增长特征带来的，城市人口的人均能源消费大大高于农村人口，农村人口向城市的转移必然带来能源需求和碳排放的压力。因此，中国必须在城市化进程中尽量实现碳减排，实现低碳转型。但研究结果发现，这些系数并不显著，这可能是由于城市化的进程会引起环境问题，但进一步的城市化则慢慢消除了环境影响。第一，城市化对碳排放的影响取决于能源结构的变迁，我国各省份从使用高碳能源逐步向低碳能源转变。第二，技术进步也影响了碳排放，各省份致力于能源使用效率的提高，通过技术进步降低了单位能源的碳排放。第三，节能环保的生活方式影响了碳排放，我国通过政策引导提倡低碳生活和低碳消费，通过生活方式的转变减少了碳排放。

无论是在东部、中部还是西部地区，人均收入与碳排放、碳强度与碳排放的关系显著为正。人均收入对人口增长的弹性大于 1，而碳强度对碳排放的弹性接近于 1，这与之前的研究结论是基本一致的，说明经济增长不可避免地带来能源消耗和二氧化碳排放的增加。而减排的着力点在于降低碳强度，通过技术进步和能源结构的变迁减少碳排放。

本章的研究不仅有利于学术研究，也为政策制定者和城市管理者提供了建议，特别是对城市化正在如火如荼进行的中国。为了配合城市化进程，城市基础设施是必不可少的，这就会增加能源消耗。为了限制能源的长期需求，要求建设能源节约的、高效率的、可持续发展的基础设施系统。对于政策制定者来说，迫切需要规划能源政策来提高能源使用效率，发展低碳能源和清洁能源，实现长期内经济发展与环境问题的脱钩。中国现阶段的碳减排战略与政策，必须以城市化这一发展阶段为起点，在城市化的进程中尽量实现碳减排，以实现低碳转型。低碳转型通过提高能源使用效率和改善能源结构来实现。现阶段，以节能为主，利用低碳和无碳能源为辅。跨越了城市化发展阶段后，实施发展和利用清洁能源与节能并重的能源战略。并结合城市的规模、资源禀赋、产业、区位和发展阶段等特征选择体现自身优势的低碳城市发展模式。此外，城市化进程也涉及生活方式的选择，通过政策引导提倡节能、环保的低碳生活方式，也是实现碳减排的一个重要方面。

然而，本章的研究仅是一个粗浅的结果，城市化规模的扩张、城市密度、城市人口结构都没有被包括进来，而这些因素很可能会影响碳排放，今后的研究力求把这些因素包括进来，将扩展城市化效应的研究。

第十章 结论与研究展望

第一节 主要的结论

本书从实证方面研究了 FDI、经济增长与我国碳排放之间的关系,试图厘清三者之间的关系,得出的主要结论有:

第一,本书的理论分析得出了"FDI 的规模效应与碳排放呈同方向变化"。而这一理论假定没有通过实证检验。实证结果显示,FDI 的流入能够减轻我国 CO_2 排放的压力,这个结果是由 FDI 的技术溢出带来的。FDI 进入时不仅带来了资金,同样也引进了技术。无论是人均 GDP 或是总的 GDP 对 CO_2 排放的影响都是不显著的。分区域的面板模型的分析发现,东、中、西部地区 FDI 碳排放弹性递减。FDI 对我国碳排放弹性呈现明显的西低东高的特征,这是因为我国绝大部分的 FDI 分布在东部,FDI 带来了东部的 CO_2 减排。对此的解释是 FDI 的技术溢出带来碳减排,通过技术转让,外企更有效率的技术能够促成能源节约的技术效应。FDI 先进的技术对改善能源效率具有正的影响。东、中、西部区域经济增长对碳排放的影响为正,但碳排放弹性递增。这说明虽然经济增长导致 CO_2 排放的增加,但改善能源利用效率能够有效地实现碳减排。

第二,工业部门内分行业的研究发现,FDI 主要投入到制造业,其次投资于第三产业,投资于第一产业的外资很少。从 FDI 结构效应与技术效应的实证检验来看,虽然 FDI 并不是能源结构碳强度和能耗强度减少的格兰杰因果原因,但是,Johansen 协整检验显示,FDI 与能源结构碳排放强度和能源消费强度存在长期的负向协整关系。并且,脉冲响应分析显示,FDI 对能源结构碳强度和能耗强度具有负向冲击。因此，在制造业部门，FDI 的进入通过结构效应和技术效应有助于减缓我国的二氧化碳排放。这一实证结果推翻了本书理论分析中"FDI 结构效应为正"的假定，证实了"FDI 技术效应为负"的假定。

第三，本书检验了我国碳排放环境库兹涅茨曲线的形状，我国 EKC 模型是倒 U 形的假设被拒绝了。我国 EKC 模型的函数形式为 N 形是最合适的，因此我国 CO_2 排放与人均 GDP 之间是 N 形关系。说明我国经济增长并不会自动导致碳排放量的减少，经济增长也并不一定引发碳排放的增加，关键是我国环境治理的机制的完善。若不立即施行合理有效的控制措施，未来在降低碳排放方面临着许多风险。这一实证结果推翻了本书关于"经济增长与我国碳排放呈正相关关系"的理论假设。

第四，在 30 个工业行业内，对 FDI、经济增长和 CO_2 排放的关系进行了实证分析。计量分析的结果发现工业行业内，人均产出与 CO_2 排放不呈倒 U 形的环境库兹涅茨曲线。各行业的经济增长并未带来 CO_2 排放的增加。结果表明外资在各行业参与度的提高减少了 CO_2 的排放。因此，中国并没有因为引进外资而成为"污染天堂"。在工业行业内，经济增长与碳排放存在长期的协整关系。面板因果关系检验证实了在长短期内，工业碳排放与工业总产值之间的相互因果关系，也就是说工业行业的经济增长是 CO_2 排放增加的原因。

第五，在我国的增长模式将从全球化外需增长转向城市化内需增长的发展阶段，本书对城市化、经济增长与 CO_2 排放进行了协整分析和因果关系检验。我国的碳排放与碳强度、人均 GDP 和城市化率之间存在稳定的长期均衡关系。城市化水平的提高会增加我国 CO_2 总排放量。而人均 GDP 对碳排放的影响为负。因果关系的研究结果发现，城市化水平是碳排放的格兰杰原因，这是因为在我国大规模的农村人口转移至城市，在城市化水平不断提高的经济阶段，城市化水平的提高在解决我国发展问题的同时，也带来了 CO_2 排放量的增长。这是由城市化进程中高耗能的增长特征带来的，城市人口的人均能源消费大大高于农村人口，农村人口向城市的转移必然带来能源需求和碳排放的压力。而经济增长不是碳排放的格兰杰原因。

第二节 研究展望

本书对 FDI、经济增长和碳排放的关系进行了实证研究,但受限于客观资料,在研究方法上也是一个初探,文中有需要深入研究的方面,具体如下:

第一,深入研究东、中、西部区域内 FDI、经济增长与碳排放之间的关系。本书分区域对 FDI、经济增长与碳排放进行了初步的计量分析,但受限于客观的统计数据,没有进行深入的研究。下一步,如果有可靠的翔实的分区域的统计数据,可分别在东、中、西部区域内,进行面板协整和因果关系检验,建立面板误差纠正模型,得到更可靠、更具体的研究成果。另外,还需要对不同区域的不同研究结果进行深入的分析,对各区域不同结果的差异进行深入的解释,当然这需要其他的经济学方法进行弥补。

第二,深入研究分行业 FDI、经济增长与碳排放之间的关系。由于缺乏分行业的 FDI 的数据,本书只对分行业的经济增长和碳排放的数据进行了面板协整和面板因果关系分析,而无法进行分行业的 FDI 和碳排放的面板协整与面板因果关系分析。对三者进行面板协整和因果关系检验是非常有价值的探索。另外,还需要对实证研究的结果进行深入解析。

第三,深入研究 FDI 的 CO_2 排放环境。本书就 FDI 的 CO_2 环境效应从结构和技术角度做了初步分析,还需要进一步从产业层面分析 FDI 与我国新能源产业的互动现状,以及在确保我国能源安全前提下如何利用外资发展新能源。另外,从微观层面分析外资企业的清洁、低碳技术如何进行技术外溢、如何实现技术溢出会对我国有较大的借鉴意义。目前我国对低碳经济的研究还处在起步阶段,进一步设计在环境约束下 FDI 与中国经济环境的良性互动机制,充分利用 FDI 对环境的积极作用,遏制其消极作用,将对我国应对气候变化和可持续发展具有重要理论和现实意义。

第四,对我国碳排放的 EKC 模型需要进行扩展分析。本书对我国碳排放的 EKC 模型的函数形状进行了实证分析,还需要对 EKC 模型进行理论解释,实现理论解释与实证研究的统一。EKC 的提出本身是没有理论基础的,国内外的研究者从经济结构、进出口、技术进步、收入差异、污染转移、工业品需求收入弹性、环境管制等不同角度解释 EKC 的成因。由于对 EKC 模型的解释缺乏统一的理论分析框架，使研究者质疑 EKC 是否存在。因此，除了对 EKC 模型进行实证研究外，还必须构建 EKC 理论框架系统，加入不同的影响因素，在"社会－环境－经济"的大视角中去分析我国的 EKC，实现理论与实证研究的统一。另外，还需要对数据来源和研究方法进行改进。不同的研究者对同样的 CO_2 指标，采用不同的假设前提、计量模型、估计方法，或者不同的数据来源就会得到不同的结果。我国近 20 年来才开始重视环境监测和统计，缺乏完整的环境指标的历史数据，并且不同年份、不同地区的环境指标也存在统计口径差异。因此使用数据前，要先对数据进行分析处理，减少这种差异性。

第十一章 政策建议

第十章的结论发现，无论是分区域还是分行业的实证研究都证实了 FDI 对我国 CO_2 排放的减排效应。FDI 的流入能够减缓我国的碳排放，这是因为发达国家的生产技术和工艺流程要优于国内现有水平，而使用国外技术，则在一定程度上减少了我国的碳排放。相比内资，外资倾向于利用更清洁、更先进的技术。FDI 先进的技术对改善能源效率具有正的影响，从而能实现能源节约。因此，中国并没有因为引进外资而成为"污染天堂"，中国也不需要为了减少 CO_2 排放而去限制外资流入。FDI 的流入在一定程度上改善了我国的环境质量，但这并不意味着 FDI 的流入对我国没有坏处，应该注意到大量的 FDI 流入到污染密集型的产业之中，我国应该制定更加严格的环境准入制度，有选择地利用外资。要完善体制政策环境与产业准入政策。进一步调整外商投资领域的产业与地区导向，从环境保护角度制定鼓励、限制、严格限制、禁止外商投资的领域与项目；鼓励外商投资到具有重大影响的、能够促进可持续发展的领域，如清洁能源、清洁生产技术、环保产业；应引进先进技术和设备来改造国内的高污染产业和企业、开发生态农业、生态林业和旅游业；限制引进可能造成严重环境污染的或治理困难的项目；禁止引进严重污染环境又无有效治理措施的项目、工艺和设备。

技术进步是实现经济增长和减少碳排放的有效途径。一方面，提高清洁技术、先进技术的自主研发能力，通过自主创新实现能源利用技术的进步，以改善能源利用效率，节约能源，减少 CO_2 排放。另一方面，积极从国外引进先进技术，以实现国内落后工艺技术的升级换代，以"清洁技术"替代"肮脏技术"，实现节能减排。进一步推动经济增长模式由资源消耗的粗放式增长向效率改进的集约式增长转变，实现工业化的"低耗能、低排放"，实现可持续发展。

调整产业结构，化化引资结构。调结构是"十二五"期间我国国民经济发展的主线。调整产业结构就要大力发展第三产业和高新技术产业，尤其是要大力发展环保产业。对那些单位GDP碳排放量大并且碳排放减少速度慢的工业行业，应该限制其发展，对那些碳排放量小并且随着经济增长碳排放减少较快的行业，要鼓励其发展。积极推进产业结构向高级化发展，走低碳工业化道路，采取有效措施，进一步提升产业结构和能源结构，从而降低碳排放。利用外资也要紧紧围绕调整结构这一主线。必须扭转引资结构偏向工业的模式，使其与国际特别是发达国家的产业结构相一致。同时应利用FDI改造、提升我国落后的工业部门，加强在基础设施建设上引进外资，要把FDI引入到农业、服务业，加大高新技术产业、环保产业对FDI的引资力度。完善体制政策环境与产业准入政策。强化招商引资的结构导向作用，修订外商投资产业指导目录，鼓励外商开发生态农业、林业、服务业、旅游业、基础设施建设业。

第一节　低碳能源政策

一　可再生能源政策

（一）改善能源结构，加快可再生能源的开发利用

大力开发"低碳"、"可再生"能源，优化能源结构，向可再生能源为主的方向发展。从能源利用现状来看，"十一五"期间，煤燃料消费占能源消费总量的比重为80%，石油、电力、天然气等能源所占比重偏低。但煤炭消费又是温室气体排放的主要来源，以煤为主的能源消费，其结果是二氧化硫、氮氧化物大量排放，引起城市大气污染和温室效应，特别是许多省份原煤基本上没有经过洗选就直接燃烧，燃煤造成的二氧化硫和烟尘排放量占总排放量的80%以上。这就要求湖南要在"煤炭"二字上多做文章，要加快研发煤炭制油、氢技术，氢气储存与运输技术，碳中和技术，碳捕获和埋存技术等，实现煤的清洁、安全、高效利用。另外，我国的生物质能、太阳能、风能、核能等新型能源消耗的比例过低。

（二）大力发展清洁可再生能源，从源头上降低能源"含碳量"

能源结构对碳排放影响很大，同等规模或总量的经济，处于同样的技术水平，如果能源结构不同，碳排放量相去甚远。在三种化石能源中，煤的含碳量最高，石油次之，而天然气的单位热值碳密集只有煤炭的60%。其他形式的能源如核能、风能、太阳能、水能、地热能等属于无碳能源。从保证能源安全和保护环境的角度看，发展低碳和无碳能源，促进能源供应的多样化，是减少煤炭消费、降低对进口石油依赖的必然选择。发展低碳经济需要而且有条件大力发展清洁能源，从源头上降低能源的"含碳量"。

（三）倡导资源再生与利用

资源再生与利用，不但可以回收有用资源，更能节省能源，减少温室气体排放。应探索成立资源回收管理基金会，对公告应回收的废弃物强制回收，并给予补贴。

工业废弃物资源再生则落实以下措施：扩大市场需求；强化业者营销；促进研发，提升技术能力；健全法规制度，强化奖励措施；建立产业信息流通机制；改善产业经营环境等措施；推广工业区能源资源链接。

二 能源节约政策

（一）调整和优化能源消费结构

根据我国能源资源禀赋和发展状况，通过完善有关法律法规和标准体系，加快推广应用IGCC等先进清洁发电技术，优化发展煤化工等深加工产业，促进煤炭清洁生产和清洁循环利用，提高煤炭产业附加值和利用效率。

（二）构建提高能源使用效率的低碳经济模式

优化传统能源结构、提高能源使用效率是减少二氧化碳排放量的有效途径。在高碳经济发展模式下，需要通过逐步改善能源结构，提高能源使用效率，逐渐摆脱对化石燃料的依赖程度。一是要提高再生能源在能源消耗中的比重。利用中部地区水能的潜在优势和新能源产业园区发展的有利时机，不断提高水力发电的总装机容量，提高水力发电在能源结构体系中的比重。二是要发展生物质能源。利用秸秆较为丰富的资源优势，在广大农村地区建设以秸秆为原料的生物发电厂。三是要利用燃料乙醇生产的优势，鼓励一些以石油为主要燃料的行业进行燃料替代。

（三）创新能源利用技术

要求企业一方面及时更新落后能源消耗设备，实现能源消耗设备的现代化，另一方面创新能源利用技术，对现有能源利用特别是煤炭利用技术进行改造，提高煤炭干馏、煤炭气化、煤炭液化、脱硫技术等在煤炭利用中的比例。同时，对企业在生产过程中产生的余气、余热、废水也要回收利用，这样间接节约了能源，提高了能源利用率。

（四）大力推广能源管理控制系统

建设节约型社会，充分利用能源管理控制系统对能耗进行控制，是促进资源节约和循环利用、促进工业能效整体水平提高的重要手段。

提高电机拖动系统和锅炉蒸汽系统这些高耗能设备的用能效率，目前比较流行的节能专业软件工具有电机拖动系统节能软件包和锅炉蒸汽系统节能软件包两大类。与开发大型硬件设备相比，开发这些"软工具"的投资并不大，但能发挥重要作用，有催化剂的作用，借助以这些软件为代表的信息技术对挖掘高耗能设备的节能潜力起到了极大的促进作用。

建立工厂能源管理中心，实现多种能源综合管理。集中控制一次能源的储存、分配和使用，对水、电、风、气等能源载体实行统一的调度和平衡，实现不同生产流程、不同能源形式供应、需求关系的统一自动化管理。此外，对生产系统进行实时监控、集中控制和动态管理，从而降低成本、提高效益。目前，工业生产部门可以借助宝钢等一些大型企业"计算机－软件－网络"实现生产中能源的统一管理和调度，实现热能转换和终端用能的优化配置，帮助企业实现从能源单耗管理向能源成本管理和综合成本管理的转变。

通过能源控制管理系统能够有效地促进节能信息的传播，帮助企业及时采用最新的节能技术；开展节能技术的远程教育，提高企业能源管理人员的分析判断、主动采取节能措施的能力；此外，信息网络可帮助企业及时了解国内外市场信息和发展动向，帮助工业部门向生产高附加值产品的方向发展，促进结构节能。

三 能源技术政策

（一）加强科技创新与应用，不断提高能源利用技术水平

深入贯彻落实全国科技大会精神，认真落实国家科技发展规划和各项配

套政策，推进科技与经济的紧密结合，推进科技成果转化，推进应用能源技术研究院所与生产企业的联合重组，真正实现研发与生产环节的相互促进、共同发展。要进一步改善能源技术创新的市场环境，加快推进行业风险投资，加强能源技术咨询、能源技术转让的中介服务；加快科技成果市场化与产业化进程；建立和完善侵权行为的举报、投诉制度，切实加强知识产权保护工作。

（二）加强政府对科技创新工作的指导

把支持企业能源技术创新、促进高新能源技术产业发展、引导各方面资金支持企业研发作为科技工作的主要任务。要突出工作重点，坚持公开、公正、透明的原则，重点支持高新能源技术领域的创新活动；重点支持面向市场，在省内、国内领先的产品、能源技术；重点扶持处于初创阶段和发展阶段的企业，培育一批具有特色的科技型企业、具有自主研发能力的企业和成长性较好的企业，使它们成为经济发展和产业进步的生力军。

（三）加大各级财政对企业能源技术创新活动的投入

采取有效措施，拓宽科技投入的资金渠道，吸引和带动企业、风险投资、金融机构对企业的投入，逐步建立符合市场经济规律的企业研发投资机制。要通过政府的引导性资金带动社会资金，加大对企业研发的投入，切实解决企业能源技术创新资金不足的问题，促进具有自主知识产权的科研成果的转化。

（四）搭建信息平台，强化咨询服务，加强科技应用

建立低碳经济信息平台，包括低碳经济能源技术研发平台、信息共享平台、交流平台。能源技术研发平台主要为企业发展低碳经济提供能源技术支持，包括项目策划、可行性研究、产品开发、产品检验、应用能源技术开发、试验研究、交流合作、科技成果转化与应用、人才培养、技能培训等。信息共享平台主要建设低碳经济信息网、清洁生产网等网站。交流平台主要为企业提供信息交流服务，包括国内外企业发展低碳经济的信息、经验、能源技术等，加强政府、科研机构、中介组织、企业及公众之间的联系。积极支持建立低碳经济信息系统和能源技术咨询服务体系，及时向社会发布有关低碳经济能源技术、管理、政策等方面的信息。充分利用现有科研、服务机构和社会团体的力量，开展低碳经济信息咨询、能源技术推广、宣传培训等。

(五) 构建低碳能源技术创新机制

政府构建能源技术创新机制，主要是建立有利于企业以新的低碳能源替代煤炭、石油等化石能源的激励机制，应把握以下几个基本点。

一是要按照系统工程方法把市场、科研、生产、营销各个环节紧密联系起来，形成有利于自主创新的组织制度和组织体系，形成良好的低碳能源技术创新运行机制，形成有效的人才激励投入机制，发挥人才在低碳能源技术创新中的关键作用。

二是要把电力、交通、建筑、冶金、化工、石化等温室气体排放的重点行业的低碳能源技术研发与应用作为主要支持对象，鼓励企业以新的低碳能源替代煤炭、石油等化石能源，促进太阳能、核能、风能、低热能和生物质能等最有可能的清洁能源产业族群的发展。

三是大力扶持混合动力汽车能源技术的研发与应用。汽车工业是我国经济发展的支柱产业，燃油能源的替代对节约资源和减少环境污染都具有特别重要的意义。

四是建立鼓励企业自主研发与应用低碳能源技术的政策导向机制，构建财政补贴、税收优惠、信贷支持等多维政策体系，政府应在政策导向上鼓励减少能源浪费（节能），激励降低二氧化碳废气排放（减排），扶持资源的回收与循环利用等，重点是激励建筑产业节能、火电产业减排、工业节能与减排等。

第二节 低碳技术政策

调整产业结构，优化能源产业，实现能源替换，发展低碳能源体系，是我国发展低碳经济迫切需要解决的主要矛盾。解决这一矛盾的技术途径主要是推进低碳技术创新，低碳技术创新是低碳经济发展的主要力量，主要涉及煤炭、石油、天然气等碳基能源的低耗技术，碳中和、碳埋存、碳捕获等密集使用技术，对新兴清洁低碳循环能源的开发技术，以及清洁原材料的生产与充分利用技术等。从涉及的产业来看，主要包括电力、交通、建筑、冶金、化工、石化等部门的清洁高效利用技术、有效控制温室气体排放技术，以及大型风力发电设备技术、高性价比太阳能光伏电池技术、燃料电池技术、生物质能技术、氢能技术等可再生能源、新能源技术和能源替代技术。

一 碳减排技术政策

（一）围绕节能减排，调整研发方向，创新低碳技术

开展以工业节能和替代燃料为重点的低碳能源技术研究与推广，如在工业窑炉及工业锅炉上推广应用变压吸附制富氧技术，富凸甲烷气自热转化制合成气技术，焦炉气制甲醇、二甲醚、氢气等技术；在能源替代方面，积极采用煤层气（瓦斯）综合利用－煤层气制 CNG/LNG、氢气，甲醇制二甲醚技术，城市垃圾填埋气制城市燃气技术等。

（二）鼓励催生"低碳技术"市场交易机构和跨国公司的成立

成立气候变化"金融论坛"，将气候变化的研究和对话平台拓展到金融界，促使银行、保险公司和各种投资基金也参与这项高技术战略。政府还需要出台进一步的具体政策，来规范这些市场中介交易机构的运作，推动这些交易机构到各个省区、市地建立子机构，形成一个全国范围的，甚至是全球范围的市场中介机构交易网，鼓励它们发挥最佳作用，以利于低碳技术的研发、推广和应用。

（三）鼓励"低碳技术"科普知识的普及，营造"低碳"的社会氛围

大力倡导构建"低碳经济社会"，倡导居民使用纸袋或环保布袋，城市高楼尽量采用自动光源和"水空调"等温控设备。面向公众，建立新能源公园。新能源公园不但具有示范作用，而且其本身也是新能源开发综合试验基地。建立公共住宅，在居住区附近设置办公区、车间和健身房，减少出行带来的排放。公共住宅中的居民直接参与社区的管理，这会进一步提高能效和可再生能源的使用。

（四）促进低碳技术创新

推行科技人员和经营管理人员、低碳产品开发人员的技术入股、专利入股、管理要素入股、成果入股和持股经营政策，采取期权、期股等各种分配激励方式，以奖励在低碳技术创新方面有突出贡献的科技人员和经营管理人员，使他们的薪酬水平与人才市场接轨。放宽低碳技术入股的比例限制，加大奖励力度，使低碳技术人员的收入与岗位技能、工作业绩以及经济效益紧

密挂钩。

为了促进低碳技术创新，政府应制定具有可操作性的低碳采购制度，科学规范地制订政府低碳采购标准、清单和指南，指导具体的低碳采购活动，如规定公共工程项目要采用国内的高新低碳技术产品、规定低碳科技产品采购占政府总采购的比例等。政府应定期公布低碳采购清单和数量，优先采购和使用符合低碳认证标准的产品。

政府部门应扶持建立一批低碳技术风险投资机构，由这些机构承担低碳技术成果研究、开发和产业化过程中的风险，若低碳技术开发应用成功，投资机构可从企业生产新产品所得利润中提取一定比例作为风险投资的回报。

（五）加强技术引进与消化

进一步加强国际合作，通过气候变化的新国际合作机制，引进、消化、吸收先进技术，积极寻求通过制度化的手段，推进发达国家和东部发达省份向中西部地区的技术转让，加大与国际社会尤其是低碳经济发展较快国家的合作与交流，大力开发清洁发展机制项目，有效利用清洁发展机制带来的机遇，从发达国家引入成熟的技术，加强消化、再吸收和自我创新能力，从而降低成本，缩短技术产业化的时间。

（六）加大科研力度，改进低碳技术

在低碳技术中碳中和技术最为关键，发展碳中和技术主要包括：温室气体的捕捉技术，温室气体的埋存技术和低碳或零碳新能源技术，如太阳能、风能、光能、燃料电池等替代能源和可再生能源技术。同时，引导风险投资，鼓励企业开发低碳先进技术，加强国际低碳方面的技术交流，积极参与国际能源技术交易市场，加强低碳技术、低碳产品的贸易，充分有效利用发达国家对中西部地区的技术转让，促进中西部省份的低碳经济发展。

二　CCS 技术政策

碳捕获与封存技术（CCS）就是指把 CO_2 从工业或相关能源排放源分离出来，输送到封存地点进行储存，并使其长期与大气隔绝的过程。因此 CCS 技术不仅能有效地减少碳排放，而且还可能更持久更清洁地利用我国丰富的煤炭资源。对能源结构以煤为主的我国来说，积极开发碳捕获与封存技术具有极其重大的战略意义。

目前碳捕获和封存技术已有一定发展。城市通过现代科技和增加碳汇抵消短期内无法避免的化石能源燃烧所排放的温室气体。二氧化碳的收集封存是把化石燃料燃烧产生的二氧化碳进行收集，并将其安全地存储于地质结构层中，从而减少其排放。通过回收利用二氧化碳作为新碳源，即通过化学、光学、电学、生物化学等全新的技术将二氧化碳转化为各种有用物质。目前，二氧化碳在轻工业、机械工业主要应用在饮料、焊接、铸造、低温萃取、金属加工、金属切削、冷处理、激光、医疗、食品保藏等方面。同时，需要开发二氧化碳的化学合成工业，比较成熟的技术如用二氧化碳制造水杨酸、与氨气反应合成尿素等。

（一）积极探索新的封存手段

通过将 CO_2 封存入油气田，既可减少 CO_2 排放，又可提高油气田采收率的 CCS–EOR 技术，近年来在世界范围内受到了广泛关注，许多国家和大型石油公司都开展了该技术的研究与应用。

（二）加快应用性研究的进一步深入

虽然近几年 CCS 技术发展很快，但从整体来看，该技术目前仍处于前期研究阶段，有关技术、经济、环境和立法方面的不确定性因素仍然存在，还存在可能的泄漏、技术难点、公众认知不够等问题，需要进一步深入研究。

（三）增强政府财政支持力度

CCS 技术项目投资较大，而且在短期内投资难以回收，目前开展的一些项目都是由政府提供资金支持下的示范性项目。如果没有政府在立法和税收机制上的激励与优惠措施配套，CCS 技术就无法真正进入商业化应用阶段。

（四）积极开展国际交流与合作

CCS 技术的发展需要加强国际合作，尤其需要在技术、立法、经济等方面进行合作，联合国正在考虑将此类项目纳入《京都议定书》CDM 合作机制，以促进项目融资和技术推广应用，鼓励发达国家在发展中国家应用 CCS 技术，推进其发展。

三 低碳技术标准

(一) 制订和完善标准体系

尽快研究出台低碳经济发展地方标准,统一低碳技术的标准,规范低碳经济科研体系,定量化低碳经济的发展目标和考核目标,规范碳交易市场和制度,促进低碳经济发展。

(二) 积极实施低碳产品标准认证

以产品为链条,吸引整个社会在生产和消费环节参与应对气候变化。通过向产品授予低碳标志,从而向社会推行一个以顾客为导向的低碳产品采购和消费模式。以公众的消费选择引导和鼓励企业开发低碳产品技术,向低碳生产模式转变,最终达到减少全球温室气体的效果。

(三) 加快节能减排标准的制修订速度

对节能减排标准项目,采取快速立项的方式,即随时申报随时立项;采取快速通报方式,即在征求意见阶段向 WTO/TBT 通报,缩短标准批准发布周期。

第三节 低碳产业政策

一 鼓励低碳产业发展

(一) 改造传统产业,优化产业结构,建立以"两型产业"为主的产业集群

依据我国产业结构特点,引进先进技术,更新和改造这些行业落后的生产工具,降低能源消耗,实施清洁生产,发展循环经济,避免高碳生产。应该以第三产业为主,逐步淘汰传统的高耗能产业。近期重点发展包括工程机械、轨道交通、汽车、新能源设备制造、文化产业、创意产业和旅游业为主的战略性产业。远期则重点发展包括高新技术服务业、电子信息、生物医药、新材料、环保节能、航空航天等高新技术产业和物流、金融服务、商务服务、总部经济等生产性服务业,形成以"两型产业"为主的产业集群。

(二)调整产业结构,促进产业升级

发展低碳经济要求注重经济发展的质量与效益,优化资源配置,提高投入产出效率和经济回报,实现途径是转变发展方式,调整产业结构,促进产业升级。

具体措施主要包括以下方面。①遏制高耗能、高排放行业过快发展。修订焦炭、电石、铁合金、水泥等高耗能、高排放行业的准入标准,及时审核并公告符合条件的企业名单。依法对实施生产许可管理、生产过程中高耗能和易造成环境污染的产品,严格生产条件审查,对不符合条件的,不予发放生产许可证。继续清理和纠正在电价、地价和税费方面对高耗能、高排放行业的优惠政策。严格限制外商投资高耗能、高排放项目。②大力发展电子信息(软件)、文化创意等低碳产业和服务业,提高其在国民经济中的比重和水平。完善集成电路产业链,培育信息家电产业集群。积极推进研发设计、软件设计、建筑设计、咨询策划、文化传媒和时尚消费等创意产业,大力支持以创意设计工作室、创意产业园和文化创意体验区为载体的创意产业发展。加强有机食品、低碳食品和无公害食品基地的建设。积极推进低碳科技服务业、旅游业等现代服务业发展。③积极发展低碳装备制造业。提升内燃机、环保成套设备、风力发电、大型变压器、轨道交通配套装备、船舶制造等装备制造业的研发设计、工艺装备、系统集成化水平,积极发展小排量、混合动力等节能环保型汽车,加快低碳装备制造业和节能汽车产业发展步伐。

在产业发展中切实考虑行业的低碳效益与减排成本,积极采用最新的低碳科技成果,探索因地制宜的低碳能源产业升级策略,实现产业的低碳、高效、可持续发展。

促进产业升级主要有四项措施:一是严格市场准入,提高能源消耗、环境保护、资源综合利用、安全生产等方面的准入门槛;二是积极协调有关部门强化投资监管,把住信贷和土地两个闸门,协调落实有保有控的金融政策,严格依法依规供地用地;三是积极开展信息发布,加强行业产能和产能利用率的统一监测,及时向社会发布产业政策导向和产业规模、社会需求等信息,充分发挥行业协会作用,加强行业自律;四是推进行业技术改造和自主创新,组织行业开展重大科技攻关,解决制约发展的重大技术难题。

(三) 实施低碳产业行动

一是做强光伏产业链、低碳产业链，围绕薄膜、太阳能电池特大项目，不断向上下游延伸光伏产业链，形成具有研发高纯硅原材料、提炼硅片、生产太阳能光伏电池及组件、导电玻璃和光伏产业系统集成为一体的链条。整合相互分工、优势互补的光伏产业集群。二是依托武汉作为国家光谷的区位优势，建立国家级技术标准、国家级工程中心，争取国家高新技术产业发展专项资金，以优势领域为基础，以集群化、规模化、产业化为发展方向，把中部地区打造成一个技术水平高、产业规模大、配套能力强、区域特色明显、在全国乃至全球都具有竞争力的产业基地。三是发展服务外包产业链，充分利用中国服务外包示范城市这一平台，大力发展服务外包业，形成一基地二中心。

二 低碳产品生产

（一）大力完善低碳产品市场

调整产业结构，大力发展低碳产品的生产，培植低碳产业。一要实施清洁生产战略，做到低碳产品无公害、无污染、无化学物质的毒副作用。二要增强企业的环保意识。要从产品设计开始，用低碳可持续发展的观念和强烈的环保意识指导低碳产品开发设计。三要加强低碳产品的质量检测和监督。按国家标准制订我国低碳产品质量认证标准，推广现代科学管理和低碳产品质量认证工作，培植低碳产品优秀品牌。四要增加政府公共产品的供给，向消费者提供更多的低碳化公共服务。

（二）制定低碳产品法，引导与规范低碳产品的开发与认证

制定一部专门的《低碳产品法》，从法律的层面对低碳产品的开发进行鼓励和引导，为低碳产品认证建立科学的标准体系。应当包括低碳产品认证主体、认证对象和认证过程的具体步骤，除此之外还应规定低碳产品应享受的优惠政策，如适当的税收减免优惠、人才培训和进出口优惠等。

（三）政府采购向新兴的低碳产品倾斜

对低碳产品的优先选择有必要列入政府采购法中，在公开透明原则、公平竞争原则、公正原则和诚实信用原则的基础上增加低碳产品优先的特殊条款，体现国家对低碳生产的政策导向和行动支持。

(四) 加强对节能环保产品供应商的宣传

通过展会的形式，组织包括 IT、家具、汽车、医疗设备等在内的多家供应商进行产品展示，让公共机构和集中采购机构直接接触产品，现场了解产品性能和技术指标，加深对环保、节能等方面的认识，从而进一步落实低碳采购的政策功能。

三 限制高碳产品生产与进口

（一）优化贸易结构

在外贸的拉动和优惠外资政策引导下，高耗能、高污染的外资项目被大量引进国内中西部地区，这些项目在推动地方经济增长、扩大就业的同时，也与"十二五"期间优化产业结构的阶段升级目标相悖。

应该继续优化进口商品结构。通过加强对进出口贸易产品结构的调整，降低进出口贸易中的载能量和碳排放量。一方面，进出口贸易所隐含的碳排放量的降低，将有助于国内温室气体排放量的减少，从而减少国际社会要求我国减排温室气体的压力；另一方面，进出口贸易产品碳含量的降低，可以规避或减少我国进出口贸易产品可能面临的边界碳税及由此带来的贸易壁垒，减少相应的经济损失。

（二）实施严格的碳减排制度

政府出台严格的政策淘汰高污染、高能耗的落后生产力，充分发挥"碳关税"倒逼机制作用，增强核心竞争力。建议出口企业优化企业技术流程，通过引进和自主研发技术，提高能源利用效率，进行清洁生产，加强企业文化建设，增强员工节能意识。

第四节 低碳消费政策

一 低碳包装

（一）加强低碳包装材料生产的监管

以法规形式对进口商品的包装材料进行限制或进行强制性监督和管理。一要避免使用含有毒性的材料；二要尽可能使用循环再生材料；三要积极开发植物包装材料；四要选用单一包装材料。

(二) 优化低碳包装设计

包装设计应该遵循无害化、生态化、节能化的设计理念，从材料选择、结构功能、制作工艺、包装方式、储存形式、产品使用和废品处理等诸多方面入手，全方位评估资源的利用、环境影响及解决办法。

(三) 加强法制建设

我国的低碳包装必须按照国际惯例，建立、健全我国的低碳包装的法律法规体制。一方面，针对我国包装行业发展不良的现状，政府应出台相应的法规加以限制，从宏观上引导其向健康的方向发展；另一方面，需要政府在政策上给予扶持，加快缩短与发达国家的差距。

(四) 明确低碳包装的功能与目标

低碳包装是以环保为出发点，并以兼顾经济效益与满足消费者需求为最终目标。低碳包装应包括下列三项功能：兼顾环境保护与经济效益；维护自然资源与节省人力、能源成本并重；兼顾满足消费者需求与改善环境品质。

二 低碳采购

低碳采购是指各公共机构在依法采购规定的产品时，要高度重视环境保护和生态平衡，将环境标准、评估方法和实施程序纳入并贯穿于整个公共采购体系之中，优先选择符合国家环保认证或低碳评价的货物、工程和服务，确保采购到环境友好型产品，促进企业环境行为的改善，推动国家循环经济及其具体措施的落实，同时对社会低碳消费起到巨大的推动和示范效应。低碳采购是在气候变暖、臭氧层破坏、酸雨增加、生物多样性锐减、森林迅速减少、海洋污染严重、土地荒漠化等全球性环境危机日益加剧的背景下提出的行之有效的政策措施。

在普遍节能减排"以退促降"空间有限、难度很大的情况下，走"内涵式""集约型"发展道路显得尤为重要。这就需要不断完善低碳采购制度，利用采购的规模优势和市场的导向作用，引导社会的生产和消费行为，优化产业结构，促进"十二五"节能减排目标的实现。

(一) 低碳采购的法律保障

完善低碳采购的相关法律、制度及配套措施，如尽快出台《〈政府采购法》实施细则》，或者出台专门的《政府低碳采购法》，对低碳采购的主体、范围、责任、执行标准等进行细化和完善，为推行低碳采购提供强有力的法律保障。同时，应建立统一的低碳采购标准。应该由各省的权威部门联合各机构，发动各行业，充分整合现有的认证资源，通过科学的办法，选择采购所涉及的优先领域，分行业、分产品制订统一的低碳采购标准和清单。

（二）为低碳采购创造良好的社会环境

一方面，应对采购的相关人员（如公共机构人员、集中采购机构人员、评审专家、供应商等）实施培训；另一方面，在目前节能减排的大环境下，要加大低碳采购的宣传力度，提高全社会对采购低碳产品、建设环境友好型社会重大意义的认识，促使低碳采购成为"十二五"节能减排目标实现的重要抓手。作为采购法定执行机构的各级公共机构采购中心在具体采购活动中，应不打折扣地执行低碳采购这一政策，发挥集中采购的导向作用，激励企业加大技术投入力度，提高产品的科技含量，以达到公共机构采购的节能环保要求。

（三）把低碳采购落实到采购过程的每一个环节

在编制采购目录以及采购限额标准时，需要充分考虑低碳采购的范围。由于目前《节能产品清单目录》更新的时间较长，一些企业研发出的最新节能产品不能及时登上目录，待一年之后清单目录更新时就不算新产品了。因此应及时完善《节能产品清单目录》，同时还应强化低碳采购的预算编制，从源头上保障低碳采购的落实。在采购过程中，要加强各预算单位低碳公共消费意识，加大低碳采购的执行力度。此外，对低碳采购的监督力度也需要加大，要加强对低碳采购政策执行情况和低碳清单中所涉及的企业进行监督检查，促进低碳采购走向规范化、法制化。

（四）大力推进政府低碳采购

各级地方政府必须采取切实可行的措施，引导、拉动和培育循环经济市场，提升低碳消费量，提高循环经济规模，刺激研发和应用循环经济专门技术，从而使循环经济产品和服务的价格趋于合理，从而激励消费者采取环境友好型的消费方式，最终形成良性循环。低碳采购标准的制订要具体，要具有针对性和可操作性，采购人员可以根据标准简便地判别所采购的物品和服务项目是否符合政府低碳采购的要求。

专业人员的缺乏，常常导致政府采购过程的不规范。可以借逐步推行政府采购人员的学历化和职业化教育，尽快建立职业资格管理和从业人员标准，对已有的采购人员进行定期的专业培训。

三 低碳物流

（一）发挥政府的主导协调作用

要建立一个专门的低碳物流管理机构，对物流的发展全面统筹，整体布局，制订全国范围内的低碳物流发展计划，协调各有关部门，打破地区、部门和行业的限制，用大流通的思想发展低碳物流。政府应重视制定政策法规，在宏观上对低碳物流进行管理和控制，如制定促进再循环或再利用的有关法律，在税收方面给予优惠，处罚、限制过度包装等。

（二）用低碳物流理念指导物流企业生产

物流业对环境的影响主要是公路运输造成的废气排放、噪声和交通阻塞等，而联合一贯制运输是指以件杂货为对象，以单元装载系统为媒介有效地巧妙组合各种运输工具，从发货方到收货方始终保持单元货物状态而进行的系统化运输方式。通过运输方式的转换可削减总行车量，包括转向铁路、海上和航空运输。

共同配送是以城市一定区域内的配送需求为对象，人为地进行有目的、集约化的配送。它是由同一行业或同一区域的中小企业协同进行配送的，统一集货、统一送货，有效地消除交错运输，缓解交通拥挤状况，提高市内货物运输效率，减少空载率。它有利于提高配送服务水平，使企业库存水平大大降低，甚至实现零库存，降低物流成本。

（三）加强对物流人才的培养

低碳物流作为新生事物，对营运筹划人员和各专业人员要求很高。要实现低碳物流的目标，培养和造就一大批熟悉低碳理论与实务的物流人才是当务之急。对低碳物流人才的培养涉及政府及相关机构的参与，政府部门、企业、行业组织、咨询机构及民办教育机构要共同参与，采取多种形式开展多层次的低碳物流人才培训和教育工作，造就大批熟悉低碳物流业务、具有跨学科综合能力、有开拓精神和创造力的低碳物流管理人员和低碳物流专业技术人员。

（四）开发低碳物流技术

先进物流技术的发展是现代物流的立身之地。如在物流机械化方面、物流自动化方面、物流的信息化及网络化方面，要大力开发低碳物流技术，否则低碳物流就无从谈起。

四 低碳社区

（一）强化组织领导

把开发建设、管理服务同进一步提升社区的环境质量有机地结合在一起，建立健全环境管理和监督机制。街道工委、办事处成立由党工委书记任组长，分管副主任任副组长，以街道城管、市容、民政、司法、文化等相关职能科室为成员的创建低碳社区活动领导小组。社区委员会成立由书记任组长，主任任副组长，企业负责人、居民积极分子参加的创建领导小组，具体负责实施创建工作。建立社区创建工作联席会议制度，共同商讨创建低碳社区的有关事务工作，使社区和驻社区单位共同创建低碳社区。建立工作责任制，街道办事处与社区签订"创绿责任状"，同时街道将创建工作列为社区"三个文明"建设的考核目标，并与社区年终考核直接挂钩，根据创建工作计划，社区将创建目标分解到相关部门和具体人员，进一步强化目标责任意识，确保各项工作目标按时完成。

（二）加大宣教力度，增强环境意识

坚持环境宣传教育先行，开展形式多样的环境宣传教育活动，增强社区居民环境保护意识。建立环境宣传教育平台。制作环境宣传教育橱窗，定期宣传环保法律法规，宣传环境保护意识。在社区范围内悬挂"爱护社区环境，建设美好家园""社区是我家，环保靠大家"等横幅、标语，烘托宣传氛围。发放公开信，赠送环保宣传画册。

社区居委会还采取动员会、上门宣传、板报展品等多种形式，发动群众自觉参与"创绿"活动。竖立环保公约牌。在社区醒目处竖立"居民环保公约"公示牌，使更多的居民群众参与到爱护环境、保护环境的行列。

（三）加大污染源治理力度，提高社区环境质量

对位于城郊结合区，环保管理工作相对滞后的社区，通过加大环保污染

源治理力度,使社区环境质量有明显提高。控制烟尘排放,实现油烟治理,防止噪声污染。加大违章搭建拆除的力度,并组织社区环保志愿者、卫生保洁人员对卫生死角垃圾进行清除,在清除地种植花草。

(四)发挥文化娱乐活动的促动功能

社区要广泛组织开展健康向上的文化娱乐活动,陶冶居民的低碳情操。充分发挥驻地企业、学校、社会团体等社会各界文化骨干的宣传作用,广泛组织秧歌、舞蹈、歌曲演唱、乐器演奏、京剧会友、诗歌朗诵等多种活动,有针对性地组织编排宣传低碳理念的节目,组织演出大赛,积极宣传低碳理念,培养公民爱护环境、建设美好家园的低碳意识。

(五)发挥社区的宣教作用

指导社区成立环保宣传志愿者服务队、巾帼志愿者服务队、青年志愿者和社区小卫士等组织,靠前宣传,利用世界水日、世界无烟日、世界环境日、世界卫生日等一切机会进行宣传。

(六)健全低碳社区的发展机制

要克服政府抓低碳社区建设停留在口号宣传上、忙在检查总结上、关注在经验传发上的做表面文章的行为,真正在思想上、建设上倾斜。要站在为子孙后代负责的高度,实实在在地解决辖区生态建设上存在的问题,真正按照科学发展观的要求,克服短期行为,在低碳社区建设上下足力气。

制订详细计划,有步骤地分批培训街道社区、厂矿企业、公司、学校的低碳建设管理技术骨干,并采取社区夜校等形式培训一批绿化骨干、环保骨干、节能骨干和宣传监督骨干。

完善检查机制、信息反馈机制和问题促动机制。详细区分区级政府机关、街道办事处、社区在建设低碳社区的职责,做到检查经常化,违规能发现,困难能解决,问题有人管。加大政府对低碳社区建设的经费投入,把有限的资金花在低碳环境的长远建设上。

(七)发挥社区的积极性

真正帮助有发展潜力的社区做好"低碳"工作,尤其要选好靠自身力量开展低碳活动的典型。

每个社区都应根据实际情况组建以居民为主体的低碳志愿者队伍,根据实际需要确定规模,成员主要包括离退休人员、学生、在职人员等热心环保的人士。社区要确立低碳社区建设义务监督员，发现破坏环境的行为及时制止，并反馈上报。

以实际工作为基础，运用文字、图片和音像资料等形式，记录"低碳社区"创建的真实情况，内容包括当地环境污染源状况、居民用电和用水量、绿地面积等原始数据，还包括创建工作的会议记录、活动介绍和阶段性工作总结等。通过做好低碳社区的基础工作，发挥好社区在驻地生态城市建设中的指导、协调和服务作用。

（八）逐步增加低碳社区建设的科技含量

低碳社区的发展和巩固，需要不断创新的科技知识支持，需要增加工作的科技含量。

通过电子路径快捷的手段，实现社区居民低碳理念教育和低碳科普知识教育宣传的制度化、规范化和经常化，通过网络等现代传媒手段，广泛组织低碳社区建设的意见征询和问题解答，实行低碳工程建设及社区低碳文明活动的网上民意投票，发动居民参与网上对话，提高居民参加低碳社区创建的积极性、意识性和关注度。

通过各种手段，宣传低碳生活的好处。宣讲节约环保知识，宣传洗衣机、电冰箱、空调、微波炉、计算机等各种家用电器的低碳使用知识，普及居民日常低碳生活常识，倡导居民生活坚守低碳准则，奉行低碳环保。

鼓励居民搞好家庭绿化美化，实行阳台栽花种草，立体绿化。做到每个家庭都能实行低碳装修，选用无毒、无害、无污染、可重复使用、易降解、对生态环境污染少、有利于人的健康的低碳材料。不用煤炉及燃烧时有大量大气污染物的能源，积极使用液化气，做到社区无油烟污染。督导餐饮业、娱乐业、单位食堂排放的油烟要经过处理达标排放。引导社区内不安装有损市容市貌的金属防盗网，应用美观有效的防盗系统。

第五节 低碳城市政策

低碳城市，指以低碳经济为发展模式及方向，市民以低碳生活为理念和行为特征，城市管理以低碳社会为建设标本和蓝图的城市。我国城市目前的低碳实践仍处于尝试性的阶段，过于零散，尚未形成系统的低碳经济发展框架，往往是将低碳城市建设简单等同于新能源开发利用、循环经济、节能减排等内容，仅停留在城市发展低碳经济，缺乏系统性的安排。低碳城市建设不是简单地贴标签，而是需要通过低碳技术的创新、经济结构的优化、消费模式的转变等方式来实现经济的低碳转型，城市需要探索符合自身特征的低碳发展路径。因此，整合目前的低碳经济发展实践，总结提炼现有低碳城市实践活动所遵循的发展模式，将为我国城市探索适宜的低碳转型路径提供借鉴，为低碳发展的有序性和系统性奠定基础。

一 低碳交通

（一）提高公交服务水平，增强公共交通吸引力

加密轨道交通线网，推进接驳换乘配套设施建设，提高轨道交通安全运营服务水平。为运营服务创造良好条件；完善客流预测方法，提高客流预测的科学性和准确性；加强老线改造，提高既有线路服务能力和水平；在新线规划建设时，地面公交、小汽车、自行车接驳的换乘设施同步建设，并纳入轨道交通规划、设计、投资、建设体制；加快研究制定中心城轨道交通线网加密规划方案。

（二）加大公共交通优先发展扶持力度

将公共交通的发展纳入公共财政，或设立专门的公共交通发展基金，以构建持续、稳定的财政补贴补偿机制。城市政府应该充分意识到，城市公共交通是落实城市节能减排战略的重要领域，也是易于推广、成效显著的关键领域。将公共交通系统的"环保化、节能化"改造作为城市财政扶持的重点项目。

（三）有序推动新能源公交车辆的推广应用

保持常规能源公共汽车数量的稳定增长，提高运输能力，以满足逐步增长的公共交通出行需求，创造舒适的乘车环境；对各项指标尚能达到国家标准的老、旧在用车辆，非强制性地鼓励用户进行更新，或通过税费调节机制，加速旧机动车淘汰。大力加强在用车辆检查/维护制度，增加检测次数，促进维护保养，使车辆保持正常的技术状态，努力达到出厂时的排放水平。

公共交通企业在更新和购置新车时，应以节能环保型车辆为主，积极购置LNG、CNG等技术成熟的天然气车辆，逐步示范性推广混合动力、燃料

电池等其他新能源车辆。把在用车辆改造为燃用天然气或液化石油气的双燃料车，是一种过渡技术，最终应向单燃料并匹配专用催化净化技术的燃气新车方向发展；有序发展节能环保的无轨电车。

（四）加强公交一体化建设，提高系统运行效率

加强公共交通一体化建设，整合不同公共交通方式资源，实现不同公共交通方式之间、公共交通与其他出行方式之间设施和管理的有效衔接。逐步建立票制票价一体化体系，简化购票环节，实行换乘优惠，实现公共交通系统运营的一体化服务，以提高整个公共交通系统的运行效率；建立合理的比价关系，通过价格杠杆调节不同公共交通方式间的客流分配。加快公共交通换乘枢纽一体化建设，在枢纽内部实现多种公共交通方式及与其他出行方式的零距离换乘，提高公共交通系统运行效率。全面整合信息资源，实现信息资源一体化服务，推动智能公共交通系统建设，实现公共交通网络跨区、跨线综合调度，提高公共交通线路整体运输效率和应急能力；充分运用信息技术，为乘客提供全方位的出行信息服务，减少乘客在选择公共交通方式时的盲目性。

（五）完善政策保障措施，有序构建配套机制

对加注站、加气（子）站的建设，政府应给予技术、用地、财税、管理等多方面的扶持。加强配套场站的规划设计工作，结合公共交通场站的布局和建设，同步开展加气站的规划布局。

加快推广公共交通优先车道、专用车道、信号控制交叉口公交专用进口道、专用街道、单向优先专用线的布设；推广信号控制交叉口公共交通信号优先措施；将公共交通优先通行权和限制小汽车通行相结合，以提高城市交通信息服务和城市道路通行效率为主线，加快推进城市智能交通技术应用。

将公共交通节能减排纳入公共财政。避免增加企业运营负担，提高企业节能环保积极性，以经济手段鼓励节能战略的落实；同时，政府应合理规划并投资建设新能源公共汽车所需的补给站和维修设施，降低新能源汽车的运营成本。公共交通企业应在内部管理中贯彻节能降耗理念，尽快出台节能降耗管理方案。设定行车规范、标准和目标，开展燃油消耗监督工作，在考核机制中加入对燃油节约的考核指标，培养公共交通企业及其员工兼顾社会效益和经济效益的责任感。

二 低碳建筑

(一) 开发节能舒适的低碳环保建筑

低碳建筑倡导节能、节地、节水、节材和环境保护，既是对建筑节能的有力带动，也是引领建筑技术发展的重要载体。应大力推进大型公共建筑节能改造和实施城镇民用供暖节能改造，探索有效的大型公共建筑节能途径，采用先进的建筑、空调、照明等技术使新建大型公共建筑大幅度降低电耗，通过更换供暖方式、改善管网系统等调节、提高热源效率。

(二) 完善经济制度及国家相关政策

从经济制度及政策两方面对现阶段建筑行业的发展及转型提供强有力的支持，包括对采取低碳设计的住宅开发商给予相应税收减免及优惠；对低碳建筑制订行业标准和控制标准，并授权相关部门进行严格核查与监督；对超过规定排放数量和浓度的高污染、高排放企业实行管理费用加倍征收，加大其污染环境的成本。

(三) 制订建筑节能标准规范，扶持行业快速发展

政府应进一步建立和完善低碳建筑标准规范和评价体系，推进建筑用能产品能效分级认证和能效标志管理制度，推行低碳建筑评价标志制度，大力培育低碳建筑产业，从低碳建筑的规划、设计、建造、运行管理全寿命周期培育和扶持低碳建筑产业的发展，形成与之相应的市场环境、投融资机制，带动低碳建材节能环保和可再生能源的相关行业的发展。

(四) 健全低碳建筑技术层面的支持

室内环境的控制首先应从建筑装修材料开始，所有使用的材料都应是国家认证的环保型材料，这样才能从源头上控制室内有害气体的挥发，降低有害气体含量。另外，在建设过程中，应添加中央除尘系统，该系统有助于解决二次污染问题，保证室内空气的洁净度，可起到清除环境死角的作用。

降低房体和房间整体温度，从而减少对空调等耗能设备的使用，达到节能减排的目的。采用新技术进行小区的供暖和制冷，减少对常规能源的依赖。

低碳经济要求尽量减少温室气体的排放量，故水处理也应选取不产生二氧化碳的方式进行。传统的自来水生产及废水处理方式都会产生大量二氧化碳气体，故低碳房地产应开发和使用新型生活用水设备，提高水资源循环利

用水平，降低对水资源的浪费。大力开发和推广使用污水生物处理系统，提高对水资源的重复利用效率，或减少有害物质排放，以达到减排的目的。大力开发和推广使用地表水清洁排放系统，加强对地表水收集储存和清洁利用，减少绿化灌溉时对水资源的使用和浪费，促进地表水与地下水的循环，提高对水资源的循环利用水平。

（五）低碳装修行动

在低碳环保设计上，开展低碳装修企业示范行活动；建立低碳家装网络平台，推广实用的低碳环保家装样板。在低碳饰材使用上，定期组织各装饰主材品牌厂家的大型展示会，推出名牌主材的劲爆优惠活动；在各类媒体上强力推荐价廉物美的装饰建材；坚决打击装饰行业的假冒伪劣行为。在低碳环保施工上，制订统一的科学的低碳环保施工流程与施工标准；由建筑协会或装饰协会组织抽查装修企业的施工质量，加强装修企业第三方质量监管的科学性与公正性。

三　环境保护

（一）构建城市森林生态网络体系

要把构建城市森林体系作为增加碳汇潜力、减少温室气体排放的重要措施。通过实施低碳道路、低碳河流、低碳社区等多项重点工程，对城市内的公路、铁路两侧以及河湖沿岸全面绿化，形成独具特色的生态景观。

同时，因地制宜地推广阳台、屋顶、墙面等垂直绿化，多渠道拓展城市绿化空间，提高植被覆盖率。在城市中心地带规划建设一定规模的森林绿岛，除满足城市景观、休憩娱乐等功能外，还可有效降低城市热岛效应，保护自然碳库。

（二）科学规划城市各类污染综合整治

应根据城市的能源结构与交通状况确定首要污染物即浓度高、范围广、危害大的污染物，治理时有的放矢、对症下药。大气污染的治理举措包括工业合理布局、减少交通废气的污染、绿化造林、提倡节约用水、划分区域用水、整治噪声污染、降低固体废物污染等。

（三）加大环保科研及技术创新支持力度

要加大环保科研机构及企业自主研发、探索治理污染新技术和新工艺的开发、示范以及应用的政策、资金的扶持力度,为企业提供更多投入少、效果好的治污技术,增强企业治污的积极性、主动性和自觉性。

四 基础设施

(一) 强化规划引导和政府监管职能

以贯彻落实科学发展观为主战略,以提高人民群众生活质量为根本出发点,以建设资源节约型环境友好型社会为目标,强化城市基础设施规划引导。大力发展推进生态低碳城镇建设,走生产发展、生活富裕、生态良好的城镇可持续发展道路。要建立重大城市基础设施项目规划的专家论证和社会公示制度,增强规划的前瞻性、科学性和透明度,经批准的规划要作为城市基础设施建设必须遵守的法定依据,杜绝随意改变规划的行为,强化政府对城市基础设施规划的监管职能。

(二) 健全法规制度,探索体制创新

加快推进城市基础设施建设的地方性法规、行政规章体系建设。建立健全城市基础设施建设的标准体系,加大标准实施力度。要建立健全有利于城市基础设施建设的经济政策体系。加快城市基础设施管理体制改革与创新,推行城市基础设施特许经营制度和委托代理制度,实行契约管理和合同管理。运用法律、经济和必要的行政手段,建立公开、公正、公平的城市基础设施行业市场准入制度,依法管理和规范市场主体各方行为。

(三) 完善定价体系,理顺产品价格

建立和完善城市基础设施项目价格制定和调整的专家论证、价格听证、定期审价制度,为城市基础设施产业化创造条件。在综合考虑市场资源合理配置和保证社会公共利益的前提下,建立与物价总水平、居民收入水平以及企业运营成本相适应的价格联动机制。逐步理顺供水、供气、供热和垃圾、污水处理等城市基础设施公共产品价格。各地价格主管部门要会同有关部门按照《价格法》等法律法规规定,结合当地经济发展状况、污水处理厂运行成本以及用户的承受能力,逐步将本辖区内的污水处理费收费标准调整到"保本微利"水平。

(四) 建立多元化资金支持体系

按照政府主导、市场运作、社会参与和增量改革、存量盘活的原则,大

力推行城市基础设施建设和经营产业化、市场化运作，政府投资逐步从经营性城市基础设施项目中退出，集中投向非经营性城市基础设施项目，加强和改进政府投资的监督管理。探索多种融资方式，吸引社会资本、私人资本和境外资本投资城市基础设施建设。各地财政要继续加大对重大城市基础设施建设项目的支持力度，加快建立和完善以政府投资为主导、社会各方参与的多元化投融资机制。

（五）城市供水安全保障体系建设

要不断加强城市水源地保护工作，合理利用水资源，缓解城市水资源紧缺的矛盾，要重点加强城市水厂净水工艺改造、管网改造和水质监测能力建设，满足城市经济社会发展的供水需求，加强城市供水水质检测，确保城市供水水质达到《生活饮用水卫生标准》的要求。

（六）城市污水处理及回用工程建设

加快在建污水处理厂的建设进度，尽快投产运行。坚持污水管网和处理设施同步建设的工作方针，在规划建设污水处理设施的同时，加强城市污水收集管网等配套设施建设，提高截污效率，保证污水处理设施建成后能投入正常运行。加大排水管网的改造力度，完善城市污水收集系统，并逐步扩大排水管网服务面积。依靠科技进步和科学管理，确保污水处理厂出水稳定达标排放，提高污水处理达标率。要大力提倡开发利用污水回用等非传统水资源，积极发展中水和污水回用技术，重点推进缺水城市的节水和污水资源化。在建设污水处理厂的同时，制订并实施污水资源化计划，尽快建成一批污水回用工程。

（七）城市垃圾处理设施建设

推行城市生活垃圾分类收集、袋装化，加快城市生活垃圾处理设施建设，实现垃圾的减量化、资源化和无害化。按照技术可行、设备可靠、综合治理和利用的原则，统一规划生活垃圾处理设施的建设，选择适当的生活垃圾处理方法。土地资源相对丰富、具有良好的垃圾卫生填埋场址的地区，可优先选用生活垃圾的填埋处理。对热值较高的垃圾，可优先选用垃圾焚烧处理。鼓励和推广在垃圾分类收集基础上，对可降解有机物含量大于40%的生活垃圾进行高温堆肥处理。严禁建设规模小、工艺落后、设备简陋、达不到环保要求的生活垃圾处理设施。采用先进技术，加快建设垃圾焚烧发电、垃圾填埋场沼气发电等设施，积极推进垃圾资源化，变废为宝，化害为利。

参考文献

[1] Aitken B., Harrison A., 1999, "Do Domestic Firms Benefit from Foreign Investment? Evidence from Venezuela", *American Economic Review*. 89 (3): 605 -618.

[2] Alfaro, Laura, Areendam, Chanda, Sebnem, Kalemli-Ozcan, Selin, Sayek, 2004, "FDI and Economic Growth: The Role of Local Financial Markets", *Journal of International Economics* 64 (1), 89 -112.

[3] Akbostanci E., T. R. T-Asik S. and Tun G. I., "The Relationship between Income and Environment in Turkey: Is There an Environmental Kuznets Curve", *Energy Policy*, 2009, 37 (3).

[4] Andrew K. Jorgenson, Christopher Dick, Matthew C. Mahutg A., "Foreign Investment Dependence and the Environment: An Ecostructural Approach", *Social Problems*, 2007, Vol. 54, Issue 3, pp. 371 -394.

[5] Azomahu T., Van Phu N., 2001, "Economic growth and CO_2 emissions: a nonparametric approach", BETA Working Paper N. 2001 -01.

[6] Balasubramanyam V. N., Salisu M., Dapsoford D., 1996. "Foreign direct investment and growth in EP and IS countries", *Economic Journal*, 106: 92 -105.

[7] Birgit Friedl, Michael Getzner, "Determinants of CO_2 Emissions in a Small Open Economy", *Ecological Economics*, 2003 (45): 133 -148.

[8] Blackman A., Wu X. (1999), "Foreign Direct Investment in the Chinese Power Sector: Trends, Benefits and Barriers", *Energy Policy* 27: 695 -711.

[9] Blomstrom M., Kokko A., 1995, Multinational Corporations and Spillovers: A review of the evidence, Working paper, Stockholm School of Economics, Stockholm.

[10] Blomstrom M., Kokko A., Zejan M., 1994. "Host country competition and technology transfer by multinationals", *Weltwirtschafliches Archiv* 130: 521 – 533.

[11] Borensztein E., De Gregorio J. and Lee J. W., 1998, "How does Foreign Direct Investment Affect Economic Growth?", *Journal of International Economics* 45 (1): 115 – 135.

[12] Bosco M. G. (2001), "Does FDI Contribute to Technological Spillovers and Growth? A Panel Data Analysis of Hungarian Firms", *Transnational Corporations* 10: 43 – 68.

[13] Branstetter Lee G., Feenstra Robert C., 2002, " Trade and Foreign Direct Investment in China: A Political Economy Approach", *Journal of International Economics* 58 (2): 335 – 358.

[14] Buckley Peter J., Clegg Jeremy, Wang Chengqi, Cross Adam R., 2002, "FDI, regional differences and economic growth: Panel data and evidence from China", *Transnational Corporations* 11 (1), United Nations Conference on Trade and Development Division on Investment, Technology and Enterprise Development.

[15] Caves R. E., 1996, Multinational Enterprise and Economic Analysis, Cambridge University Press, London.

[16] Chen C., Chang L., Zhang Y. M., 1995, "The role of foreign direct investment in China post – 1978 economic development", *World Development* 23 (4): 691 – 703.

[17] Cheng L. K., Kwan Y. K., 2001, "What are the determinants of the location of foreign direct investment?", *The Chinese experience. Journal of International Economics* 51: 379 – 400.

[18] Chew Ging Lee, Foreign Direct Investment, Pollution and Economic Growth: Evidence from Malaysia, Applied Economics, 2009, 41, 1709 –

1716.

[19] Cole M., Elliott R. and Wu S. "Industrial Activity and the Environment in China: an Industry level Analysis", *China Economic Review* 19 (2008): 393 – 408.

[20] Cole M. A., "Does trade liberalization increase national energy use?", *Economics Letters* 92 (2006): 108 – 112.

[21] Colin Kirkpatrick, Kenichi Shimamoto, The effect of environmental regulation on the locational choice of Japanese foreign direct investment, Applied Economics, 2008, 40, 1399 – 1409.

[22] Copeland B. R., Taylor M. S., "North-South Trade and the Environment", *Quarterly Journal of Economics*, 1994 (8): 755 – 785.

[23] Dijkgraaf E., Vollebergh H. R. J., 2001, "A note on testing for environmental Kuznets curves with panel data", *Fondazinoe Eni enrico Mattei Working Paper* N. 63. 2001.

[24] Djankov S. and Hoekman B. (2000) "Foreign Investment and Productivity Growth in Czech Enterprises", The World Bank Economic Review. 14 (1): 49 – 64.

[25] Dunning J. H., 1993, "The Globalization of Business", *Routledge*, London.

[26] Eskeland G. and A. Harrison (2003), "Moving to greener pastures? Multinationals and the pollution haven hypothesis", *Journal of Development Economics* 70 (1): 1 – 23.

[27] Eva Kipperberg, 2005, "Sectoral Linkages of Foreign Direct Investment Firms to the Czech Economy", *Research in International Business and Finance* 19 (2005): 251 – 265.

[28] Ethier W., Markusen J. R., 1996, "Multinational firms, technology diffusion and trade", *Journal of International Economics* 41 (1): 1 – 28.

[29] Fisher-Vanden K., G. H. Jefferson H. Liu and Q. Tao (2004), "What is driving China's decline in energy intensity?", *Resource and Energy Economics* 26: 77 – 97.

[30] Fujita M., Krugman P., Venables A. J., 1998, The Spatial Economy: Cities, Regions and International Trade, MIT Press, Cambridge, MA, London.

[31] Galeotti M., Lanza A., 1999, Richer and cleaner? A study on carbon dioxide emissions by developing countries. 27, 565–573.

[32] Girma S., Greenaway D. and Wakelin K. (2001) "Who Benefits from Foreign Direct Investment in the UK?", *Scottish Journal of Political Economy* 48: 119–133.

[33] Grossman G. M., Krueger A. B., "Environmental Impacts of the North American Free Trade Agreement", *NBER Working Paper*, 1991, 3914.

[34] Grossman G. M., Krueger A. B. "Economic Growth and the Environment", *Quarterly Journal of Economics*, 1995, 110 (2): 353–377.

[35] Haddad M., Harrison A., 1993, "Are there positive spillovers from direct foreign investment? Evidence from panel data for Morocco", *Journal of Development Economics* 42 (1): 51–74.

[36] Halkos G. E., Tsionas E. G., 2001, "Environmental Kuznets curves: Bayesian evidence from switching regime models", *Energy Economics* 23: 191–201.

[37] Hanson G. H., 2001, Should countries promote foreign direct investment. G-24 Discussion Paper No. 9, UNCTAD, Geneva.

[38] He and Richard. Environmental Kuznets Curve for CO_2 in Canada. Papers, 2009.

[39] Heil M. T., Selden T. M., 2001, Carbon Emissions and economic development: future trajectories based on historical experience. Environ. Dev. Econ. 6 (1), 63–68.

[40] Helpman E., 1984, Multinational corporations and trade structure. Review of Economic Studies 92 (3): 451–471.

[41] Hill R. J., Magnani E., 2002, "An exploration of the conceptual and empirical basis of the environmental Kuznets curve", *Australian Economic Papers* 41: 239–254.

[42] Hobday M., 1995, Innovation in East Asia: The Challenge to Japan. Aldershot, London.

[43] Hoffman R, Lee C-G, Ramasamy B, Yeung M (2005), FDI and pollution: a granger causality test using panel data. J Int Dev 17 (3): 311 – 317.

[44] Holtz-Eakin D., Selden T. M., 1995, "Stoking the fires? CO_2 emissions and economic growth", *Journal of Public Economics* 57: 85 – 101.

[45] Iwata H., Okada K. and Samreth S. Empirical Study on the Environmental Kuznets Curve for CO_2 in France: The Role of Nuclear Energy, *Energy Policy*, 2010, 38 (8).

[46] James R. Markusen, Anthony J. Venables, 1999, "Foreign Direct Investment As a Catalyst for Industrial Development", *European Economic Review* 43: 335 – 356.

[47] Javorcik B. S. (2004), "Does Foreign Direct Investment Increase the Productivity of Domestic Firms? In Search of Spillovers through Backward Linkages", *The American Economic Review* 94 (3): 605 – 626.

[48] Jiahua Pan, Jonathan Phillips and Ying Chen. "Chinas Balance of Emissions Embodied in Trade : Approaches to Measurement and Allocating International Responsibility", *Oxford Review of Economic Policy* (2008) 24 (2): 354 –376.

[49] Jimmy Ran, Jan P. Voon, Guangzhong Li, "How does FDI affect China? Evidence from industries and provinces", *Journal of Comparative Economics*, 2007, 35: 774 – 799.

[50] Jing Zhang, Xiaolan Fu, "FDI and environmental regulations in China", *Journal of the Asia Pacific Economy*, Vol. 13, No. 3, August 2008, 332 – 353.

[51] Kathuria. V. (2000), "Productivity Spillovers from Technology Transfer to Indian Manufacturing Firms?", *Journal of International Development* 12: 343 – 369.

[52] Keller W., Yeaple S., 2003, Multinational Enterprises, International

[53] Keller W. (2004), "International Technology Diffusion", *Journal of Economic Literature* 42 (3): 752 – 782.

[54] Kinoshita, Y. (2001), R&D and Technology Spillovers through FDI: Innovation and Absorptive Capacity. CEPR Discussion Paper DP2775.

[55] Konings, J. (2001), "The Effects of Foreign Evidence from Firm-level Panel Data in Emerging Economies", *Economics of Transition* 9 (3): 619 – 611.

[56] Kokko A., Blomstrom M., 1995, "Policies to encourage inflows of technology through foreign multinationals", *World Development* 23: 459 – 468.

[57] Kueh Y. Y., 1992, Foreign investment and economic change in China. China Quarterly 131: 637 – 690.

[58] Lopez-de-Silanes F., Markusen J. R., Rutherford T., 1994, "Complementarity and increasing returns in imported intermediate inputs", *Journal of Development Economics* 45: 101 – 119.

[59] Martinez-Zarzoso I., Bengochea-Morancho, A, 2004, "Pooled mean group estimation for an environmental Kuznets curve for CO_2", *Economics Letters* 82: 121 – 126.

[60] Marzio Galeotti, Alessandro Lanza, Francesco Pauli. "Reassessing the environmental Kuznets curve for CO_2 emissions: A robustness exercise", *Ecological Economics* 57 (2006): 152 – 163.

[61] Matouschek N., Venables A. J., 2003, Evaluating investment projects in the presence of sectoral linkages: theory and application to transition economies. Mimeo.

[62] Maurice Kugler. (2006), "Spillovers from Foreign Direct Investment: Within or Between Industries?" *Journal of Development Economics* 80 (2006): 444 – 477.

[63] Matthew A. Cole, Robert J. R. Elliott. "FDI and the Capital Intensity of 'Dirty' Sectors: A Missing Piece of the Pollution Haven Puzzle", *Review*

of *Development Economics* 9 (4): 530 - 548, 2005.

[64] MICHAEL HUBLER, ANDREAS KELLER. "Energy savings via FDI? Empirical evidence from developing countries", *Environment and Development Economics* 15: 59 - 80. Cambridge University Press, 2009.

[65] Mielnik O. and J. Goldemberg (2002), "Foreign direct investment and decoupling between energy and gross domestic product in developing countries", *Energy Policy* 30: 87 - 89.

[66] Moomaw W. R., Unruh G. C., 1997, "Are Environmental Kuznets Curves misleading us? The case of CO_2 emissions", *Environ. Dev. Econ.* 2 (4): 451 - 463.

[67] Neumayer E., 2002, "Can natural factors explain any cross-country differences in carbon dioxide emissions?", *Energy Policy* 30: 7 - 12.

[68] Pauli F., 2003, Environmental Kuznet investigation using a varying coefficient AR model. Abdus Salam International Centre for Theoretical Physics EEE Working Paper No. 12.

[69] Peter Grimes, Jeffrey Kento (2003), "Exporting the Greenhouse: Foreign Capital Penetration and CO_2 Emissions 1980 - 1996", *Journal of World-Systems Research* (2): 261 - 275.

[70] Richard Perkins, Eric Neumayer, "Transnational linkages and the spillover of environment-efficiency into developing countries", *Global Environmental Change* 19 (2009): 375 - 383.

[71] Rivera-Batiz F., Rivera-Batiz L., 1990, "The effects of direct foreign direct investment in the presence of increasing returns due to specialization", *Journal of Economic Development* 34 (2): 287 - 307.

[72] Robert J. R. Elliott, Kenichi Shimamoto. "Are ASEAN Countries Havens for Japanese Pollution-Intensive Industry?", *The World Economy* (2008): 236 - 254.

[73] Rodriguez-Clare, A., 1996, "Multinationals, linkages, and economic development", *Am. Econ. Rev.* 86: 825 - 873.

[74] R. Vermon, "International Investment and International Trade in the

Product Cycle", *Quarterly Journal of Economics*, 1966 (80th): 190 – 207.

[75] Salvador Barrios, Holger Gorg and Eric Strobl (2005). "Foreign Direct Investment, Competition and Industrial Development in the Host Country", *European Economic Review* 49 (2005): 1761 – 1784.

[76] Schmalensee R., Stoker T. M., Judson R. A., 1998, "World carbon dioxide emissions: 1950 – 2050", *Review of Economics and Statistics*, 15 – 27.

[77] Sengupta R., 1996, "CO_2 Emission-income relationship: policy approach for climate control", *Pacific and Asian Journal of Energy* 7: 207 – 229.

[78] Shafik N., 1994, "Economic development and environmental quality: an econometric analysis", *Oxford Economic Papers* 46: 757 – 773.

[79] S. H. Hymer: The International Operational Firms: A Study of Direct Foreign Investment, Ph. D. Dissertation. M. I. T. Published by M. I. T. Press, 1976.

[80] Sinani E. and Meyer K. E. (2004), "Spillovers of Technology Transfer from FDI: the case of Estonia", *Journal of Comparative Economics* 32: 445 – 466.

[81] Smarzynska B., 2004, "Does foreign direct investment increase the productivity of domestic firms?" In search of spillovers through backward linkages, *American Economic Review* 94 (3): 605 – 627.

[82] Sonja Peterson, "Greenhouse gas mitigation in developing countries through technology transfer: a survey of empirical evidence", *Mitig Adapt Strateg Glob Change* (2008) 13: 283 – 305.

[83] Sun Q., Tong W., Yu Q., 2002, "Determinants of foreign direct investment across China", *Journal of International Money and Finance* 21: 79 – 113.

[84] Taskin F., Zaim O., 2000, "Searching for a Kuznets curve in environmental efficiency using Kernel estimation", *Economics Letters* 68: 217 – 223.

[85] Tucker M., 1995, "Carbon dioxide emissions and global GDP", *Ecological*

Economics 15: 215-223.

[86] Watson J. et al., (2000) International perspectives on clean coal technology transfer to China, Final report to the working group on trade and environment CCICED.

[87] Wei YiMing, Liu LanCui, Fan Ying, etc. "The Impact of Lifestyle on Energy Use and CO_2 Emission: An Empirical Analysis of China's Residents", *Energy Policy*, 2007, 35: 247-257.

[88] William J. Baumol, Wallace E. Oates. "The theory of environmental policy", *Cambridge University Press*, 1998.

[89] Wolfgang Keller, Arik Levinson, Pollution Abatement Costs and Foreign Direct Investment to U.S. States.

[90] Xu B., "Multinational Enterprises, Technology Diffusion and Host Country Productivity Growth", *Journal of Development Economics* 2000 (62): 477-493.

[91] Xing Yuqing, Kolstad, Charles D. "Environment and Trade A Review of Theory Issues", *University of Califomia*, Santa Barbara, W P (2), 1995.

[92] Yoichi Kaya, 1989, Impact of Carbon Dioxide Emission on GNP Growth: Interpretation of Proposed Scenarios, Presentation to the Energy and Industry Subgroup, Response Strategies Working Group, IPCC, Paris.

[93] Zhang M, MuH, Ning Y, Song Y. "Decomposition of Energy-related CO2Emssion over 1991-2006 in China", *Ecological Economics*, 2009 (68): 2122-2128.

[94] Zhongxiang Zhang. "Decoupling China's Carbon Emissions Increase from Economic Growth: An Economic Analysis and Policy Implications", *World Development*, Vol. 28, No. 4, pp. 739-752, 2000.

[95] 陈红蕾、陈秋峰:《我国贸易自由化环境效应的实证分析》,《国际贸易问题》2007年第5期。

[96] 陈凌佳:《FDI环境效应的新检验——基于中国112座重点城市的面板数据研究》,《世界经济研究》2008年第9期。

[97] 邓柏盛、宋德勇:《我国对外贸易、FDI与环境污染之间关系的研究:

1995～2005》,《国际贸易问题》2008年第4期。

[98] 杜婷婷、毛锋、罗锐:《中国经济增长与CO_2排放演化探析》,《中国人口·资源与环境》2007年第2期。

[99] 郭红燕、韩立岩:《外商直接投资、环境管制与环境污染》,《国际贸易问题》2008年第8期。

[100] 胡初枝等:《中国碳排放特征及其动态演进分析》,《中国因素分解及其周期性波动研究》,《中国人口·资源与环境》2008年第3期。

[101] 杨国锐:《中国经济发展中的碳排放波动及减碳路径研究》,华中科技大学硕士学位论文,2010。

[102] 卢忠宝:《环境约束下中国经济可持续增长研究》,华中科技大学硕士学位论文,2010。

[103] 郭凤霞:《武汉城市圈低碳经济发展水平与对策研究》,武汉理工大学出版社,2011。

[104] 王彦彭:《我国能源环境与经济可持续发展——理论模型与实证分析》,首都经济贸易大学硕士学位论文,2010。

[105] 王文哲:《低碳经济范式下的环境保护评价指标体系研究》,吉林大学硕士学位论文,2011。

[106] 薛睿:《中国低碳经济发展的政策研究》,中共中央党校硕士学位论文,2011。

[107] 李小平、卢现祥:《国际贸易、污染产业转移和中国工业CO_2排放》,《经济研究》2010年第1期。

[108] 林伯强、刘希颖:《中国城市化阶段的碳排放:影响因素和减排策略》,《经济研究》2010年第8期。

[109] 刘燕、潘杨、陈刚:《经济开放条件下的经济增长与环境质量——基于中国省级面板数据的经验分析》,《上海财经大学学报》2006年第6期。

[110] 刘志忠、陈果:《环境管制与外商直接投资区位分布——基于城市面板数据的实证研究》,《国际贸易问题》2009年第3期。

[111] 潘家华、朱仙丽:《人文发展的基本需要分析及其在国际气候制度设计中的应用——以中国能源与碳排放需要为例》,《中国人口·资源

与环境》2006年第6期。

[112] 谭丹、黄贤金、胡初枝:《我国工业行业的产业升级与碳排放关系分析》,《四川环境》2008年第2期。

[113] 沙文兵、石涛:《外商直接投资的环境效应——基于中国省级面板数据的实证分析》,《世界经济研究》2006年第6期。

[114] 吴玉鸣:《外商直接投资与环境规制关联机制的面板数据分析》,《经济地理》2007年第1期。

[115] 吴巧生、陈亮、张炎涛等:《中国能源消费与GDP关系的再检验》,《数量经济技术经济研究》2008年第6期。

[116] 温怀德、刘渝琳、温怀玉:《外商直接投资、对外贸易与环境污染的实证研究》,《当代经济科学》2008年第2期。

[117] 夏友富:《外商投资中国污染密集产业现状、后果及其对策研究》,《管理世界》1999年第3期。

[118] 熊鹰、徐翔:《环境管制对中国外商直接投资的影响——基于面板数据模型的实证分析》,《经济评论》2007年第2期。

[119] 许士春、何正霞:《中国经济增长与环境污染关系的实证检验——来自1990~2005年省级面板数据》,《经济体制改革》2007年第4期。

[120] 许继琴、金贤锋:《高经济外向度地区外贸环境效应实证研究——以浙江省为例》,《国际贸易问题》2009年第9期。

[121] 许广月、宋德勇:《我国出口贸易、经济增长与碳排放关系的实证研究》,《国际贸易问题》2010年第1期。

[122] 薛伟贤、刘静:《在华FDI环境污染问题研究》,《国际贸易问题》2010年第5期。

[123] 杨万平、袁晓玲:《对外贸易、FDI对环境污染的影响分析——基于中国时间序列的脉冲响应函数分析:1982~2006》,《世界经济研究》2008年第12期。

[124] 宋德勇、易艳春:《外商直接投资与中国碳排放》,《中国人口·资源与环境》2011年第1期。

[125] 应瑞瑶、周力:《外商直接投资、工业污染与环境规制——基于中国数据的计量经济学分析》,《财贸经济》2006年第1期。

[126] 张成:《内资与外资:谁更有利于环境保护——来自我国工业部门面板数据的经验分析》,《国际贸易问题》2011年第2期。

[127] 张连众等:《贸易自由化对我国环境污染的影响分析》,《南开经济评论》2003年第3期。

[128] 朱勤、彭希哲、陆志明、于娟:《人口与消费对碳排放影响的分析模型与实证》,《中国人口·资源与环境》2010年第2期。

[129] 宋德勇、易艳春:《外商直接投资与中国碳排放》,《中国人口·资源与环境》2011年第1期。

[130] 陈继勇、彭巍、胡艺:《中国碳强度的影响因素》,《经济管理》2011年第5期。

[131] 代迪尔、李子豪:《外商直接投资的碳排放效应》,《国际经贸探索》2011年第5期。

[132] 谢文武等:《开放经济对碳排放的影响》,《浙江大学学报》2011年第5期。

[133] 郭沛、张曙霄:《中国碳排放量与外商直接投资的互动机制》,《国际经贸探索》2012年第5期。

[134] 刘倩、王遥:《新兴市场国家FDI、出口贸易与碳排放关联关系的实证研究》,《中国软科学》2012年第4期。

[135] 张学刚:《FDI影响环境的机理与效应》,《国际贸易问题》2011年第6期。

[136] 牛海霞、胡佳雨:《FDI与我国二氧化碳排放相关性实证研究》,《国际贸易问题》2011年第5期。

[137] 江心英、陈志雨:《1998~2010年江苏省引进FDI与碳排放的相关性评估》,《国际贸易问题》2012年第4期。

[138] 丹尼尔、耶金:《能源重塑世界》,石油工业出版社,2012。

图书在版编目(CIP)数据

FDI、经济增长与我国碳排放关系的实证研究/易艳春著.
—北京:社会科学文献出版社,2014.7
 ISBN 978 - 7 - 5097 - 6023 - 9

Ⅰ.①F… Ⅱ.①易… Ⅲ.①工业经济 - 二氧化碳 - 排气 - 研究 - 中国 Ⅳ.①F420

中国版本图书馆 CIP 数据核字(2014)第 098589 号

FDI、经济增长与我国碳排放关系的实证研究

著　　者 / 易艳春

出 版 人 / 谢寿光
出 版 者 / 社会科学文献出版社
地　　址 / 北京市西城区北三环中路甲 29 号院 3 号楼华龙大厦
邮政编码 / 100029

责任部门 / 经济与管理出版中心 (010) 59367226　　责任编辑 / 张景增　王莉莉
电子信箱 / caijingbu@ ssap. cn　　　　　　　　　　责任校对 / 李孝珍
项目统筹 / 王莉莉　　　　　　　　　　　　　　　　责任印制 / 岳　阳
经　　销 / 社会科学文献出版社市场营销中心 (010) 59367081　59367089
读者服务 / 读者服务中心 (010) 59367028

印　　装 / 北京鹏润伟业印刷有限公司
开　　本 / 787mm × 1092mm　1/16　　　　　　印　张 / 12.75
版　　次 / 2014 年 7 月第 1 版　　　　　　　　 字　数 / 206 千字
印　　次 / 2014 年 7 月第 1 次印刷
书　　号 / ISBN 978 - 7 - 5097 - 6023 - 9
定　　价 / 49.00 元

本书如有破损、缺页、装订错误,请与本社读者服务中心联系更换

△ 版权所有　翻印必究